高职院校思想政治教育教学与专业理论课创新改革研究

常金玉　著

延邊大學出版社

图书在版编目（CIP）数据

高职院校思想政治教育教学与专业理论课创新改革研
究 / 常金玉著. -- 延吉：延边大学出版社，2021.10
　　ISBN 978-7-230-02247-7

　　Ⅰ．①高… Ⅱ．①常… Ⅲ．①高等职业教育－思想政
治教育－教学改革－研究－中国 Ⅳ．①G711

中国版本图书馆CIP数据核字(2021)第214099号

高职院校思想政治教育教学与专业理论课创新改革研究

著　　者：常金玉
责任编辑：张艳春
封面设计：王　朋
出版发行：延边大学出版社
社　　址：吉林省延吉市公园路977号　　邮编：133002
网　　址：http://www.ydcbs.com
E-mail:ydcbs@ydcbs.com
电　　话：0433-2732435　　　　传真：0433-2732434
发行部电话：0433-2733056
印　　刷：北京市迪鑫印刷厂
开　　本：787毫米×1092毫米　　1/16
印　　张：8.5
字　　数：186千字
版　　次：2022年3月第1版
印　　次：2022年3月第1次印刷
ISBN 978-7-230-02247-7

定价：56.00元

前　言

　　高职院校肩负着为国家培养生产、管理、服务等方面的一线技术技能型人才这一重要使命。随着高等职业教育的迅猛发展，人才培养的质量成为高职院校的生命线。目前，高等职业教育越来越受到国家重视，而思想政治教育是高职院校培养高素质人才的重要教育内容之一。因此，高职院校在这一方面需要重点加强研究。新时代发展为高职院校思想政治教育带来很大的机遇。因此，高职院校需要抓住机遇，完善相关课程，并且加强课程方案优化，做好相关制度的完善；从实际应用方面进行优化，重点加强综合考核，从而能够更好地确保整体高职院校思想政治教育水平。

　　在整个大学生群体中，高职学生属于关键的群体，是我国社会经济发展的重要人才资源。随着我国经济和科技发展，各行各业的实用型技术人才匮乏，各大高职院校培养的技术人才供不应求。因此，高职院校在具体的教育工作中，不仅要重点培养学生的专业知识和专业技能，还要全面开展和落实学生的思想政治教育，使学生具有良好的道德水平和思想政治水平，只有这样才能够使学生达到人才的培养标准。

　　本书共分为七章，第一章介绍了高职院校思想政治教育的基本内涵，第二章介绍了高职院校思想政治教育的现状，第三章介绍了高职院校思想政治教育教学理念的创新，第四章介绍了高职院校思想政治教育教学方法的创新，第五章介绍了高职院校思想政治教育教学模式的创新，第六章介绍了高职院校专业理论课课程思政研究，第七章介绍了高职院校专业理论课与思想政治教育的融合研究。本书旨在提高高职学生思想政治教育的实效性，从而推动高职院校对实用型技术人才的培养。

　　由于笔者水平有限，加之时间仓促，书中谬误之处在所难免，恩请广大读者批评指正。

目　录

第一章　高职院校思想政治教育的基本内涵

加强和改进高职院校思想政治教育，首先要掌握高职院校思想政治教育的基本内涵，只有在具体实践中掌握了其基本内涵，高职院校思想政治教育才能有的放矢。在本章中，笔者在对高职院校思想政治教育的内涵进行界定的基础上，深入探讨其社会内涵、个体发展内涵以及内涵的延伸。

第一节　高职院校思想政治教育的内涵

高职院校思想政治教育的内涵反映了高职院校思想政治教育实践活动的本质属性。高职院校思想政治教育实践活动具有相对稳定性，其随着高职院校思想政治教育的社会环境、任务、目标的变化而不断发展。

一、高职院校思想政治教育的内涵与本质属性

在《现代汉语词典》（第7版）中，对"内涵"的定义是"一个概念所反映的事物的本质属性的总和，也就是概念的内容"。按照这一定义，高职院校思想政治教育的内涵为"高职院校思想政治教育"这一概念所反映的事物的本质属性的总和，即"高职院校思想政治教育"这一概念的内容。在实践中，高职院校思想政治教育主要是思想政治教育工作者利用一定的思想观念、政治观点、道德规范，对高职学生进行有目的、有计划、有组织的教育，使其形成中国特色社会主义事业需要的思想品质和基本素养的教育实践活动。

在哲学中，所谓事物的本质属性，是指事物固有的，决定事物的性质、面貌和发展的根本属性。高职院校思想政治教育的本质属性是高职院校思想政治教育固有的，决定其性质、面貌和发展的根本属性。因此，高职院校思想政治教育的本质属性应包括两个方面：第一，应贯穿高职院校思想政治教育活动的始终，是高职院校思想政治教育活动中最普遍、最一般的固有属性，规定并影响其他非本质属性（派生属性）；第二，本质属性是高职院校思想政治教育变化发展的根据。根据高职院校思想政治教育本质属性的两个方面，笔者认为高职院校思想政治教育的本质属性应为政治性与科学性的有机统一。政治性是高职院校思想政治教育的阶级属性。如果没有表示阶级意志的政治性，那么高职院校思想政治教育就不可能存在，更不可能发展，因此政治性是贯穿高职院校思想政治教育始终的特有属

性。科学性是高职院校思想政治教育的实践属性，也是思想政治教育的生命力所在，其基本内涵是指思想政治教育建立在对社会发展规律深刻认识的基础上，揭示思想政治教育的本质和发展规律，促进人的发展和社会的进步。如果没有科学性，高职院校思想政治教育就不可能得到发展，也不可能长久存在。因此，科学性是高职院校思想政治教育本身得以发展的内在规定性。

综上所述，想要完整、准确地认识高职院校思想政治教育的本质属性，就必须坚持政治性与科学性在理论与实践上的有机统一。在这一问题上，目前存在两种错误倾向：一种倾向是过于强调高职院校思想政治教育的政治性，忽视其科学性，从而使高职院校思想政治教育变成空洞的说教，如单纯追踪形势和社会热点，缺乏系统的科学理论支撑。另一种倾向是过于强调高职院校思想政治教育的科学性，忽视其政治性，导致高职院校思想政治教育变得盲目。

因此，深化对高职院校思想政治教育本质属性的认识，是提高高职院校思想政治教育实效性，加强高职院校思想政治教育学科建设的首要任务。

二、高职院校思想政治教育内涵的继承性

伽达默尔认为，所有的概念都不是固定不变的，其意义必定随着时间的推移在阐释者的实践理解中发生变化。

高职院校思想政治教育内涵的定义也随着时间的推移发生了变化。当代高职院校思想政治教育是历史的延续，其内涵是对传统的继承。高职院校思想政治教育一直是党关注的重点。在党的发展历程中，高职院校思想政治教育形成了丰富的内涵。继承党的优良传统，把中华优秀传统文化纳入高职院校思想政治教育，是高职院校思想政治教育自身发展的需要。2005 年，在全国加强和改进大学生思想政治教育工作会议上，胡锦涛同志指出："要坚持继承优良传统与改革创新相结合，坚持党的思想政治工作的优良传统，积极探索新形势下大学生思想政治教育工作的新途径、新办法。"胡锦涛同志的讲话对高职院校思想政治教育继承传统、不断发展，具有很强的理论意义和现实意义。

高职院校教师要坚持教育者先受教育，努力成为先进思想文化的传播者、中国特色社会主义事业的坚定支持者。习近平总书记指出，"要坚持教育者先受教育，让教师更好担当起学生健康成长指导者和引路人的责任"。习近平总书记这一重要论述，对高职院校教师开展思想政治教育工作意义深远。教师因其所肩负的教育使命、所承担的职业角色和所具备的专业素质，在高职院校思想政治教育过程中起主导性作用，而做好教师思想政治工作也就成为开展学生思想政治教育工作的基本前提。

在中国共产党高校思想政治教育史上，为把大学生培养成为对祖国和人民有用的人才，先后提出了许多科学的标准和要求。从毛泽东提出的"身体好、学习好、工作好"的"三好"要求，到邓小平提出的"有理想、有道德、有文化、有纪律"的"四有"标准，再到

习近平总书记提出的"坚持学习科学文化与加强思想修养的统一""坚持学习书本知识与投身社会实践的统一""坚持实现自身价值与服务祖国人民的统一""坚持树立远大理想与进行艰苦奋斗的统一"的"四个统一"的要求。

这些都是着眼于中国革命、建设和改革的具体实践与客观要求,为大学生成为栋梁之材指明了方向,树立了标杆。从总体上看,这些针对大学生提出的标准和要求,是一脉相承的科学体系,从强调德、智、体协调发展,到强调理想、道德、文化、纪律兼备,再到强调求学和做人、知识和实践、个人和社会、理想和现实的统一,既体现了人才培养的目标,也包含了丰富的思想政治教育内容,同时揭示了思想政治教育的丰富内涵,这些内涵在高职院校思想政治教育中具有重要意义。

三、高职院校思想政治教育内涵的创新性

创新是对传统作大胆地扬弃,重在创意、创建和创立。创新需要科学与人文的价值导向:求真、向善。求真,即贴近现实,追求真理;向善,即符合完美的人性,追求人类的终极关怀,体现符合大多数人意向的道德情感,它是一种价值承诺,是教育信念确立的基础和前提。

1983年,邓小平提出了教育要面向现代化、面向世界、面向未来的主张,还提出了培养"有理想、有道德、有文化、有纪律"的社会主义新人的目标,这为推动高职院校思想政治教育实现创新指明了方向。同时,当今社会迅速发展,同过去已有很大不同。现在不是过去的再现,未来更不是现在和过去的重演,教育的重任是要为一个未知的世界培养人,"教育在历史上第一次为一个尚未存在的社会培养新人",这为教育体系提出一个新的任务。因此,在当今社会条件下,要发挥高职院校思想政治教育的生命线作用、先导性作用,就应当对其创新功能进行发展和发挥。这种发展和发挥,就是高职院校思想政治教育向更深层次、更宽领域发展。

进入21世纪,在继承和发展毛泽东、邓小平、江泽民和胡锦涛相关重要论述的基础上,习近平总书记对全国大学生提出了新的要求,指明了大学生成长成才的目标。习近平总书记的重要论述为当代青年的健康成长进一步指明了方向和途径,也对高职院校思想政治教育工作提出了新的、更高的要求。长期以来,我国高职院校思想政治教育更多地侧重政治教育,对高职院校思想政治教育作为一个系统工程缺乏足够的认识和把握,同时对高职院校思想政治教育内容的划分也不够清晰和明确。2005年,在全国加强和改进大学生高校思想政治教育工作会议上,胡锦涛同志结合大学生成长成才的素质要求,结合社会主义人才培养的目标,提出了高校思想政治教育的基本内容:高校思想政治教育要以理想信念教育为核心,深入进行正确的世界观、人生观、价值观教育;以爱国主义教育为重点,深入进行民族精神教育;以基本道德规范为基础,深入进行公民道德教育;以大学生全面发展为目标,深入进行素质教育。胡锦涛同志的这一论断科学而全面地界定了高职院校思想政

治教育的内涵，构建了一个既有核心又有重点，既有基础又有目标的思想政治教育内容体系。这一内容体系，"三观"（世界观、人生观、价值观）教育、民族精神教育、公民道德教育和素质教育有机统一，思想教育、政治教育、道德教育和心理健康教育紧密结合，个人集体和社会相互承接。其层次分明、重点突出、目标清晰、任务明确，使高职院校思想政治教育的内容更加完备、充实和科学，从而为培养德、智、体、美等方面全面发展的社会主义建设者和接班人提供了保障。

习近平总书记指出，要坚持把立德树人作为中心环节，把思想政治工作贯穿教育教学全过程，实现全程育人、全方位育人，努力开创我国高等教育事业发展新局面。近年来，各高职院校持续深入学习习近平新时代中国特色社会主义思想，积极作为、主动创新，高职院校思想政治教育工作呈现新气象，思想政治教育质量得到明显提升。但毋庸讳言，高职院校思想政治教育依然存在短板和薄弱环节。例如，高职院校思想政治教育工作者把握重大事件的契机，开展思想政治教育的意识和能力还不足，网络思想政治教育的实效性也亟待提升等。

习近平总书记强调，做好高校思想政治工作，要因事而化、因时而进、因势而新。高职院校思想政治教育工作者要有捕捉时机的敏锐意识、把握时机的育人能力，学会利用国家成功举办大事、妥善应对难事的时机，因势利导地开展各类教育活动。高职院校要加强对重大事件的宣传力度，吸引师生的注意力；要在思想政治课主阵地中开设重大事件专题教学研讨课，提高教学投入力度；要拓展重大事件志愿服务便利渠道，扩大师生参与面。此外，还要注意提前谋划、科学设计、主动作为。例如，2029 年是中华人民共和国成立80 周年，高职院校要以这些重大时间节点为契机，积极创新思想政治教育模式。

四、高职院校思想政治教育领域的拓展

近年来，社会的发展对高职院校思想政治教育提出了新的要求。基于教育要面向现代化、面向世界、面向未来的要求，也基于现代社会和学科领域的高度分化与高度综合相结合的发展趋势，高职院校思想政治教育的作用范围不断扩大，向新的领域拓展。

第一，高职院校思想政治教育向宏观领域的拓展。这种拓展表现在两个层面上：一是国内层面，就是高职院校思想政治教育要面向社会主义现代化建设，把社会主义现代化建设作为政治方向，作为高职院校思想政治教育的主题。高职院校思想政治教育要向业务活动、经济活动、管理工作广泛渗透，深深植根于现代社会生活。在现代社会条件下，政治、经济和科学技术的发展，不断开辟出新的领域，环境问题、生态问题既广泛、深刻地推动和影响着社会的进步，也反映出许多新的思想、政治、道德问题，迫切需要高职院校思想政治教育与之相适应，从而创建竞争伦理、科技伦理、环境伦理、网络伦理等，保证并促进新的领域的发展。二是国际层面，为了适应对外开放的需要，高职院校要培养大批面向世界的人才。面向世界的人才不仅要有参与世界范围竞争的科学技术水平，也要有面对世

界的思想、道德品质和心理素质。人才在面对世界各种文化和价值观的冲击时，要有正确分析、鉴别、选择人生观、世界观和价值观的思想基础；人才投身世界范围的竞争，更要有敢于竞争的勇气和自强不息的精神；同时人才在面对复杂的社会环境时，要有健康的心理素质。因此，这些思想政治素质比过去要求更高、更全面。

第二，高职院校思想政治教育向微观领域的拓展。高职院校思想政治教育的微观领域，就是指高职院校思想政治教育者与受教育者的内心世界。宏观的客观世界同人们主观的内心世界总是不可分割地联系在一起。宏观世界的开放性、复杂性、易变性也会导致人们内心世界的开放性、复杂性与变动性。因此，高职院校思想政治教育在向宏观领域发展的同时，也必须向微观领域发展。人们内心世界具有更大的复杂性和潜藏性，无法窥探，也难以敞开，只有通过深入研究，才能把握其发展变化的规律性。在现代社会条件下，社会因素和社会信息不断增多，并且变化节奏加快，社会和人们的利益关系的复杂程度增加，引起大学生的心理波动，使其心理负荷增加，甚至导致一些大学生产生心理障碍与心理疾病等问题。因此，对大学生开展心理测试与心理分析，进行心理诊断与心理咨询，普及心理保健知识，提高其心理素质，成为高职院校思想政治教育的一项重要任务。所以，高职院校思想政治教育工作者要探索思想内化理论，掌握大学生心理发展的规律，使高职院校思想政治教育向微观领域拓展。

第三，高职院校思想政治教育向未来的拓展。随着改革的持续深化，科学技术的迅猛发展、物质文化生活水平的提高和竞争机制的广泛引入，既加快了社会的变化频率又增加了社会的复杂程度。因此，对大学生来说，现代社会在其发展过程中总是既存在机遇，又存在挑战。大学生希望自己能抓住机遇，避免风险，他们更加关注发展的前景，更加重视未来领域的发展趋势。高职院校思想政治教育必须面向未来发展，探索适用未来领域的理论与方法。高职院校思想政治教育的一个重要作用是指导，即以正确的思想指导大学生进行实践活动。因此，高职院校思想政治教育应当具有前瞻性和预防性，要保证和促进大学生面向未来发展。高职院校思想政治教育可以帮助大学生增强面向未来的意识，使其对未来发展趋势能够准确判断，学会抓住机遇，化解风险，避免受负面行为干扰和冲击，增强其预测与决策的自觉性。同时，高职院校思想政治教育还要帮助大学生掌握科学的预测和决策方法，克服经验主义、盲目主义倾向，防止由于复杂因素的困扰和不能面对差距而出现的错误倾向。因此，社会和大学生的发展，既对高职院校思想政治教育提出了面向未来进行预测和决策的要求，也为其进行预测和决策创造了条件。正确的预测和决策既是为了现在，更是为了未来，是为了在实现目标之前采取正确的教育决策和教育措施，以实现教育的科学化。现代高职院校思想政治教育要研究预测和决策的理论和方法，形成高职院校思想政治教育预测与决策体系，为高职院校思想政治教育提供理论指导。

第二节　高职院校思想政治教育的社会内涵

为社会现实服务，依据社会发展的需要确定教育内容，是高职院校思想政治教育的光荣传统。中华人民共和国成立后，高职院校思想政治教育先后为社会主义革命和建设服务，形成了在不同历史时期的特定社会内涵。在新的历史时期，高职院校思想政治教育的社会内涵主要体现在普及马克思主义中国化理论，树立中国特色社会主义共同理想，弘扬民族精神和时代精神，树立、践行社会主义核心价值观等方面。

一、普及马克思主义中国化理论

马克思主义中国化的四大理论成果是一脉相承的思想理论体系。毛泽东思想、邓小平理论、"三个代表"重要思想、科学发展观以及习近平新时代中国特色社会主义思想具有本质上的一致性，它们都以辩证唯物主义和历史唯物主义作为世界观和方法论，把解放和发展生产力作为历史进步的着眼点，把实现共产主义、解放全人类作为根本目标。同时，它们又都是开放的理论体系，坚持解放思想、实事求是，不断汲取时代精神的精华以丰富和发展自己，具有与时俱进的特性。

二、树立中国特色社会主义共同理想

一个国家的可持续发展，一个国家的内部和谐，与该国现实的政治经济状况密切相关，与该国国民的共同理想密切相关，这两种相关是同等重要的。强大而明确的共同理想，甚至能在很长的时期内克服政治经济结构的现实裂痕，这在历史上不乏先例。中国经过近现代的曲折徘徊与浴血奋斗，经过近几十年的探索发展，已经走出了一条适合自身国情、能有效发挥本国优势且取得了辉煌成就的道路，那就是中国特色社会主义道路。

目前积累的辉煌历史成就使新的一代人更容易形成更坚定的中国特色社会主义共同理想。但新的一代人生活在一个思想多元化的开放社会，所以高扬主旋律更显得必要。目前，中国改革开放已经进入攻坚阶段，这是一个矛盾凸显期，因此加强中国特色社会主义共同理想教育，有助于包括大学生在内的社会成员正确认识改革过程中出现的现象与问题，增强人们对社会主义制度的自信。中国特色社会主义共同理想教育是当代高职院校思想政治教育的"灵魂"和基础，它决定着高职院校思想政治教育的基本性质。可见，中国特色社会主义共同理想教育是当前高职院校思想政治教育的关键和核心所在，其功能和作用主要体现在以下几个方面：

第一，中国特色社会主义共同理想教育决定着高职院校思想政治教育的基本性质。大学阶段是大学生确立自我、实现人生目标的关键时期，引导大学生树立高远的志向是高职院校思想政治教育的核心内容,共同的理想信念是一定社会主体共同价值目标的集中体现。当前,高职院校思想政治教育的实质是从思想政治理论的高度,使大学生充分认识到中国特色社会主义共同理想的科学性,使其不仅在情感上,而且能从世界观的高度接受和认同中国特色社会主义的价值目标。只有牢固地树立起中国特色社会主义共同理想,以社会主义核心价值体系凝聚的广大大学生,才能产生经久不衰的动力。他们既可以看到中国特色社会主义事业面临的挑战和困难,又可以看到中国特色社会主义事业所具有的旺盛生命力,在实现"两个一百年"奋斗目标,在社会主义现代化建设中奋发有为,建功立业。

第二,中国特色社会主义共同理想教育是振奋大学生精神、鼓舞大学生士气的有效途径。中国特色社会主义道路充分反映了我国最广大人民群众的共同愿望、利益和要求,是全国各族人民不懈追求的共同理想。这个共同理想把国家、民族与个人紧紧地联系在一起,它有利于调动全体人民共同为之奋斗,能够在最大程度上统一社会意志、集中社会智慧、激发社会活力,为实现全面现代化提供有力的精神保证。大学生是宝贵的人才资源,是民族的希望,是祖国的未来。因此,加强和改进高职院校思想政治教育,提高大学生的思想政治素质,对确保中国特色社会主义事业兴旺发达,社会主义后继有人,具有重大而深远的战略意义。通过中国特色社会主义共同理想教育,可以使大学生懂得要实现个人理想,就必须从现实出发,从自己做起,从身边小事做起,脚踏实地,百折不挠;要实现中国特色社会主义共同理想和中华民族的伟大复兴,就必须多读书、读好书,努力学习科学文化知识,提高科学文化素质,掌握科学知识、科学方法和科学思想,提高自己辨别是非的能力。

第三,中国特色社会主义共同理想教育是衡量高职院校思想政治教育效果的重要标准。高职院校思想政治教育的目的是使大学生认同和接受社会主义的基本思想和价值目标。在现阶段,就是要使大学生坚定社会主义的"四个自信",充分看到广大人民群众的利益与自身利益的一致性,使建设中国特色社会主义的理想成为他们的共同理想。所以,评价高职院校思想政治教育效果的一个重要标准就是要看党的政治主张、政治信仰和现阶段我国各族人民的共同理想是否为广大大学生所认同。能不能培养出一代又一代有觉悟的社会主义新人,既是衡量高职院校思想政治教育效果的重要标准,更是社会主义和共产主义远大目标能否实现的关键。在教育大学生成为实现中华民族伟大复兴的时代新人的目标体系中,中国特色社会主义共同理想始终在第一位。只有树立中国特色社会主义理想,大学生才能自觉地运用社会主义的道德和纪律约束自己,才能产生努力学习科学文化知识的强大的内在动力。

三、弘扬民族精神和时代精神

民族精神是一个民族在长期的共同生活和社会实践基础上,逐步形成和培育的一种富有生命力的群体意识,是民族文化、民族智慧、民族情感、民族心理、民族共同理想、民族共同价值取向和民族行为规范等民族个性的综合体现。中国自古以来便是一个多民族国家，几千年来，在中原地区民族与周边少数民族文化的碰撞与交融中形成了以汉族为中心的一体多元的民族结构，由此逐渐萌生了民族意识，最终整合为中华民族精神，成为推动中华民族发展壮大的精神力量。因此，加强中华民族优秀传统文化和艰苦奋斗教育，是新时代高职院校思想政治教育的重要内容。中华民族在五千年的文明发展史中，为我们留下了丰富的文化遗产，蕴涵在其中的伟大的民族精神是中华民族传统文化的积淀和升华。我国如何在改革开放逐渐深化的环境下不断发展壮大中华民族传统文化，增强广大群众特别是青少年对民族文化的认同和自信；如何在激烈的国际竞争中努力确立并发挥我们自己的民族文化优势，增强民族文化竞争力，维护国家文化安全等，成为高职院校思想政治教育面临的重大课题。因此，高职院校思想政治教育工作者必须坚持以人为本，充分挖掘中华民族的文化资源，将民族精神教育作为高职院校思想政治教育的重中之重，实现文化的优势互补。

时代精神是时代思想的结晶，是一个时代的科学认识成果和进步潮流的凝聚，是对时代问题的能动反映和应答，是一个时代、一个民族大多数人所希望、向往、信奉、为之奋斗不已、追求不止的观念和精神。其具体体现在这个时代大多数人的精神风貌、民族特质、理想信念、生活态度、价值取向、人生追求、风俗习惯、行为规范及所有活动中，是贯穿其中的原则、灵魂和起统摄作用的精神。时代精神产生于时代之中并表现时代，与时代发展一样具有一致性和同步性。时代精神反映了时代的特点、内容并适应了时代的要求，它为特定时代提供精神支柱、动力和文化条件。当今时代精神主要体现在科学精神、人文精神、民主精神、开放精神和创新精神上，体现在"解放思想、实事求是、与时俱进、勇于创新，知难而进、一往无前，艰苦奋斗、务求实效，淡泊名利、无私奉献"上，其本质和灵魂在创新。高职院校思想政治教育要善于从时代精神中汲取营养，在时代发展和社会进步中掘取资源，吸纳、表达时代精神，把时代精神作为塑造一代新人的核心内容，贯穿教育的全过程，渗透到教育的方方面面。如果无视时代的进步、社会的发展，与时代精神和时代发展相背离，高职院校思想政治教育就很难被人们接受，很难体现时代精神，很难取得实效。

四、树立、践行社会主义核心价值观

中国共产党在领导中国革命，进行社会主义建设和改革的过程中，对高职院校思想政治教育极其重视，并在实践中积极探索高职院校思想政治教育的基本规律。这些基本规律其中重要的一条就是，要高度重视高职院校思想政治教育的育人功能，要特别强调人才思想道德素质的重要性，强调道德养成对人才培育的重要意义。当代大学生理应是思想道德素质和科学文化素质协调发展的一代。高职院校不但要注重大学生的文化素质教育，更要注重大学生的思想道德教育。正如爱因斯坦所说："用专业知识教育人是不够的。通过专业教育，他可以成为一种有用的机器，但是不能成为一个和谐发展的人。要使学生对价值有所理解并且产生热烈的感情，那是最基本的。他必须获得对美和道德上的善恶分明的辨别力。"

社会主义核心价值观是社会主义核心价值体系的内核，体现了社会主义核心价值体系的根本性质和基本特征，反映了社会主义核心价值体系的丰富内涵和实践要求，是社会主义核心价值体系的高度凝练和集中表达。

党的十八大以来，中央高度重视培育和践行社会主义核心价值观。习近平总书记多次作出重要论述，提出明确要求。中央政治局围绕培育和弘扬社会主义核心价值观、弘扬中华传统美德进行集体学习。

2017 年 10 月 18 日，习近平总书记在十九大报告中指出，"要培育和践行社会主义核心价值观，要以培养担当民族复兴大任的时代新人为着眼点，强化教育引导、实践养成、制度保障，发挥社会主义核心价值观对国民教育、精神文明创建、精神文化产品创作生产传播的引领作用，把社会主义核心价值观融入社会发展各方面，转化为人们的情感认同和行为习惯"。

党中央的高度重视和有力部署，为加强社会主义核心价值观教育实践指明了方向，提供了重要遵循。

第三节　高职院校思想政治教育的个体发展内涵

高职院校思想政治教育除了具有社会内涵，还具有个体发展内涵。由于特定的历史原因，长期以来，在高职院校思想政治教育发展过程中，其社会内涵居于主导地位，个体发展内涵一度被忽视。中华人民共和国成立后，高职院校思想政治教育的个体发展内涵逐渐进入人们的视野。改革开放以来，尤其是近年来，随着人们对大学生主体地位的重视，高职院校思想政治教育的个体发展内涵日益显现。当前，高职院校思想政治教育的个体发展内涵主要体现在促进大学生人际和谐与心理和谐、培养大学生的竞争意识与合作精神、培育大学生的人文精神与科学精神、促进大学生全面协调发展、培养大学生的健康个性等方面。

一、促进大学生人际和谐与心理和谐

党的十六届四中全会提出了"构建社会主义和谐社会"的新命题，并且把和谐社会建设放在与经济建设、政治建设、文化建设并列的位置。这不但对树立和落实科学发展观，实现经济社会协调发展具有重要的意义，而且为加强和改进高职院校思想政治教育指明了新的方向。思想政治工作是社会主义和谐社会建设的重要组成部分，其基本精神也与之相符合。中共中央、国务院印发的《关于进一步加强和改进大学生思想政治教育的意见》中提出了"六结合"的基本原则，即教书与育人相结合，教育与自我教育相结合，政治理论

教育与社会实践教育相结合，解决思想问题与解决实际问题相结合，教育与管理相结合，继承优良传统与改进创新相结合。"六结合"从原则的层面对当前高职院校思想政治教育中的和谐主题做了明确阐释。党的十七大报告突出强调，"要加强和改进思想政治工作，注重人文关怀和心理疏导，用正确方式处理人际关系"。可见，高职院校思想政治教育的主要内容与和谐社会的本质要求是完全一致的。大学生人际和谐与心理和谐教育，既体现了高职院校思想政治教育的个体发展内涵，又体现了建设和谐社会的时代重任对高职院校思想政治教育的要求。

当前，如何实现个人与他人关系的和谐，如何实现团队的和谐发展，成了影响大学生成长的重要问题。随着社会分工的细化和科学领域的不断拓展，当今社会越来越强调团队协作的重要性。我国高等教育大众化、后勤社会化、学分制管理的深入，冲击了大学中班级、寝室等基本团队形式，这导致学生的自我意识不断增强，团队协作意识却相对淡薄。因此，加强对大学生进行团队教育，成为高职院校思想政治教育的重要任务。团队教育强调的是在以人为本、以学生为本的基础上团队的协作与配合，从而实现团队与个体的共赢。当前大学里的团队形式较为丰富，主要包括班级、寝室、学生会、社团、学生组建的各种工作室等。高职院校应制定专门的团队评奖评优制度，设立优秀班集体、优秀寝室、优秀社团、优秀工作室等奖项，并将其纳入学生奖励体系，加大对团队的奖励力度，鼓励学生加入团队，扮演不同的团队角色，在其中得到相应的锻炼和成长，从而为实现学生与他人关系的和谐、实现团队的和谐发展奠定良好的基础。

人与自身的和谐是整个社会和谐发展的根本前提。大学生在成长过程中面临的自身和谐问题主要表现为：理想追求与现实可能的不和谐，认知与行为的不和谐，身体成长与心理发育的不和谐，主观成长需要与现实拥有条件的不和谐等。因此，高职院校在思想政治教育过程中必须抓住这几个关键要素，认真做好心理健康教育，通过系统的心理测试、有针对性的心理咨询、心理素质拓展训练和完备的心理危机干预体系，让学生的心理与身体实现同步成长。同时，对学生的学业给予激励和引导。学业是大学生活的根本，要以激励为目标重新构建学生的奖学金制度；同时要推行"三维辅导制"（为每一个班级至少配备一名专业导师、一名专职辅导员和一名课外辅导员），加强对学生学习和学业的指导，从不同角度辅导学生学习。此外，大学生在导师和辅导员的指导下，定期撰写成长规划书，设立学习目标，并为之努力。

二、培养大学生的竞争意识与合作精神

社会主义市场经济体制的发展与完善，已经成为推动中国社会经济发展的重要方式，并且成为现代中国人生存与发展的重要条件。创设和优化竞争环境是现代高职院校思想政治教育的重要功能之一，是高职院校思想政治教育的时代性、针对性、实效性和价值性的体现。因此，加强高职院校思想政治教育，可以为创设大学生竞争环境提供思想和社会心

理基础，以及方向保证。高职院校思想政治教育必须依据马克思主义理论，在承认环境决定人的发展、决定人的思想道德面貌的同时，坚持人在环境面前具有主观能动性，人可以改变环境的观点，充分发挥意识的积极能动作用。

首先，高职院校要帮助大学生增强竞争意识，克服不正常的竞争心态。竞争的目的是"提升自己，补益社会"，破除平均主义分配观念，以各种利益的差异形成积极进取的动力，使个体、集体、国家的利益得到最大满足，从而推动个人、社会的快速进步与发展。因此，竞争结果的差异是不可避免的。竞争的特质是机遇与风险并存，目标与结果不相吻合，竞争失败是不可避免的。如果对竞争的结果不具有心理平衡与协调的意识与能力，就容易造成消极的影响与后果，表现在对竞争目标和期望定位，以及实现目标和期望的过程中产生不切实际的想法、急躁情绪和浮躁心理。

由于目标和期望的实现受阻而产生的挫折感、悲观和自暴自弃，对竞争结果的差异性不能正确对待而产生的心理失衡感、对竞争的恐惧感，以及嫉妒心理、攀比心理和报复心理等，会导致大学生产生心理问题。这既容易使人际关系紧张与恶化，引发不道德行为和不正当的竞争等问题，又无法形成健康的竞争心理。因此，高职院校要在思想政治教育中通过心理咨询，帮助大学生调适心理，解决其心理问题，提高其心理素质和心理承受力；要通过帮助大学生加强心理平衡与协调意识，提高他们自我认识、自我学习、自我调节、自我平衡、自我评价的能力，从而为竞争环境的创设提供良好的心理保证。

其次，高职院校要加强主导性与目的性的引导，为大学生在竞争环境中的发展提供方向保证。目前，意识形态领域的"趋同"论、经济领域的"唯利"论、价值领域的"唯物"论、道德领域的"自私"论、文化领域的"西化"论、信息领域的"虚拟"论等都是竞争环境中存在的一些不正确的思潮。既然自主性与主导性是竞争环境健康发展的必要保证，在这种多元价值取向和多元文化并存的环境中，高职院校思想政治教育必须积极发挥其正确的导向功能，高职院校必须引导大学生正确认识道德在竞争环境中的价值和必要性。世界经济发展的实践表明，道德精神是促进经济增长、增强市场主体的竞争实力和经济效益的重要因素，经济领域的竞争和各种利益的协调，除了行政、法律的手段外，还必须借助于道德的力量。只有当人们具有竞争的道德意识，才会真正明确竞争的目的，正确处理竞争中出现的各种问题。高职院校还要加强公民道德教育，教育和引导大学生守法、守纪、守诚、守信、守德，做到公平竞争、以义求利。

最后，培养大学生的竞争意识与合作精神，高职院校应采用渗透性、潜在性、强化性和优化性的教育方式。所谓渗透性、潜在性，就是把高职院校思想政治教育所倡导的社会主义意识形态、正确的价值观和发展观潜移默化地渗透到竞争环境中，由显性教育转为隐性教育，寓教于环境，起到"润物细无声"的作用。所谓强化性，就是在制定竞争原则和竞争规范时，明确公平正义的原则，强调守法、守纪、守诚、守信、守德，制定竞争的基本道德要求，从而使高职院校思想政治教育在竞争环境中起引领作用。所谓优化性，就是对竞争环境中不健康、不道德的行为和风气加以克服，将优秀的精神文化、良好的道德风尚与竞争环境相融合；同时提高大学生的主体性，加强其对竞争环境的鉴别力、选择力和改造力。只有这样，高职院校思想政治教育才能有效地培养大学生的竞争意识与合作精神。

三、培育大学生的人文精神与科学精神

在高等教育中，新的学科和学习内容被引进，数、理、化、工逐渐占据高职院校课堂的中心。高职院校作为大工业生产的劳动力的培养基地，作为科学技术研究和开发的信息库和人才库，对近现代社会生产和科学技术的发展起到了极大的推动作用，科学教育的重要性越来越引起人们的关注。科学精神作为人类文明的崇高精神，它表达的是一种敢于坚持科学思想的勇气和不断探求真理的意识，它具有丰富的内涵和多方面的特征，具体表现为求实精神、实证精神、探索精神、理性精神、创新精神、怀疑精神、独立精神和原理精神，这些精神正是当代大学生个体发展所必需的，因此也是高职院校思想政治教育所要倡导和弘扬的。

人文精神是指人类对人世的探索和对人世活动的理想、价值的追求。人文精神是整个人类文化所体现的最根本的精神，是人类文化生活的内在灵魂。它以追求崇高的价值理想为核心，以人的自由和全面发展为终极目的。人文精神教育是现代教育的重要组成部分，是素质教育的根本。

高职院校以培养人才为天职，关心人的解放、人的完善和人的发展是高职院校存在的意义。高职院校的人文精神是经过长期的历史积淀，随时代的变化不断形成和发展的，有着稳定而丰富的内涵。高职院校人文精神体现了其对人类的价值和生存意义的关怀，同时又以价值观念和行为规范的形式约束着大学生的行为，显示出高职院校不同于其他机构的气质特征。可以说，高职院校所弘扬的人文精神主要是指在处理人与自身、人与他人、人与社会和人与自然的关系中所持的正确的价值观，以及建立在这种价值观基础上的行为规范。这种人文精神教育在大学生的人格塑造、文明行为养成等方面起重要的作用。因此，切实加强人文精神教育是大学生全面发展的需要，是高职院校思想政治教育的重要内容。

需要注意的是，在一定意义上，科学精神本身就是高职院校思想政治教育所培养的一种人生信仰，同时也是人文精神的一个不可分割的重要组成部分。杨叔子院士曾提出"绿色教育"的概念。他说，"教育应该充分发挥五百万年进化赋予人类的灵性，培养既有人性，又有灵性的学生"，"育人和种树一样，也应该顺从学生的规律，不干扰他们，让他们自由成才"。高职院校思想政治教育只有把科学精神教育和人文精神教育结合起来，才是"绿色教育"，才能真正培养出全面发展的人才。思想政治素质是方向，科学精神是立事之基，人文精神是为人之本。因此，高职院校在弘扬人文精神时，要正确处理好人文与科技的关系，使人文与科技成为齐飞的双翼。高职院校思想政治教育要追求人文、科技的和谐发展，追求人文精神与科学精神的统一，让科技发展充满人文关怀，让科技发展带来的一系列新问题，得到道德的、伦理的、人文的解决。

四、促进大学生全面协调发展

人的自由而全面的发展，是马克思和恩格斯追求的理想目标。马克思和恩格斯所说的"全面的发展"有两个层面的意义。一是人的自由而全面的发展，是共产主义的本质特征。早在1848年，马克思和恩格斯在《共产党宣言》中就宣告："代替那存在着阶级和阶级对立的资产阶级旧社会的，将是这样一个联合体，在那里，每个人的自由发展是一切人的自由发展的条件。"此后，他们又多次阐述了这一基本思想，把每个人自由而全面的发展看成是比资本主义更高级的社会形式的"基本原则"。二是个人的能力和素质，以及社会关系的不断进步和提高。在马克思和恩格斯看来，人的自由而全面的发展是与生产力的发展成正比的，每个人自由而全面的发展，只有在物质财富极丰富、人们的精神境界极高的共产主义社会，才能得到完全的实现。这是一个逐步提高、不断发展的过程。因此，在社会发展的每一阶段，都存在着人的发展，这就是马克思和恩格斯在第二种意义上使用的"人的自由而全面的发展"。

当前，我国正处于社会主义初级阶段。因此，促进当代大学生全面发展，是高职院校思想政治教育个体发展内涵的重要体现。中共中央、国务院在《关于进一步加强和改进大学生思想政治教育的意见》（中发〔2004〕16号文）中指出：加强和改进高校思想政治教育，要"以大学生全面发展为目标"。这既体现了科学发展观的基本要求，又体现了大学生个体发展的内在需求。

在现阶段，影响和制约大学生自由而全面发展的因素是多方面的，有物质的、技术的，也有精神的。在生产力和物质文化有了长足发展，高职院校建设不断扩大和完善的条件下，大学生精神方面的制约因素显得越来越突出。归纳起来主要有两种表现：一是一些大学生对社会发展认识不足，缺乏理想，只讲物质利益和金钱，不讲理想和道德。二是社会上存在一些落后文化，甚至还存在一些腐蚀大学生精神世界、危害社会主义事业的腐朽文化。在现实生活中，精神方面的制约因素远不止这些。这些现象足以给大学生的发展造成重大伤害，甚至危害大学生的精神支柱。要抵制这些因素对大学生精神的腐蚀，必须加强和改进高职院校思想政治教育，发挥高职院校思想政治教育促进大学生全面发展的强大功能。

高职院校思想政治教育可以为大学生的全面、协调发展提供精神支持。思想道德素质的提高是大学生全面发展的前提。尽管提升大学生思想道德素质的途径和方法是多种多样的，但高职院校思想政治教育的作用是不可替代的。高职院校思想政治教育不断解决大学生发展中出现的新问题，也不断促进大学生全面、协调发展。

五、培养大学生的健康个性

改革开放以来，大学生思想上的独立性、选择性、多变性与差异性都在增强。面对这些变化，一些高职院校教育观念滞后，往往只强调主流思想，强调灌输和施压，强调整齐划一，把大学生放在了对立的位置上。这种居高临下的"教育"，造成了学生的逆反心理和对抗情绪，与教育初衷背道而驰。当前，高职院校思想政治教育应当转变观念，倡导健康的个性教育，把健康的个性教育作为高职院校思想政治教育的出发点和归宿。

教育学界普遍认为，个性是在一定的生理与心理基础上，在一定的历史条件下，通过教育对象自身的认识与实践，形成和发展个体独特的身心结构及其表现。如果大学生个性各系统发展均衡、协调，而且都达到了较高的层次水平，知、情、意统一，自我调控能力较强，内心冲突较少，就能够较好地适应社会，并表现出良好的创造性。这种个性就是一种健康的个性。高职院校思想政治教育应是一种培养健康的个性教育，应当着眼于发展大学生的心理品质，使其形成完整和健全的心理结构，即形成一种健康的个性。

高职院校思想政治教育强调主导思想的一元化，弘扬社会主义的思想道德和文化。这主要作用于大学生个性核心层次的主导方面，即个性倾向性中的理想、信念、价值观、人生观、世界观等方面。与此同时，高职院校思想政治教育不应否定人心理的多样性，而应鼓励大学生形成具有个人特色的能力、性格类型和自我调控方式。由于每个人发展的前提不同，形成个性的基础不同，家庭环境、所受教育、个人经历不同，人的个性会存在多种不同的组合方式和发展水平，表现出个性的差异性。这些差异性是客观存在的，是任何人为因素都难以抹杀的。高职院校思想政治教育的最终目标是实现大学生个性的优化，使其形成健康的个性。健康的个性存在多种形式，不同类型的个性，通过高职院校思想政治教育等手段，都可以达到结构优化，形成健康的个性。培养大学生健康的个性，成为当代高职院校思想政治教育个体发展内涵的重要内容。

第四节　高职院校思想政治教育内涵的延伸

社会内涵与个体发展内涵是高职院校思想政治教育最基本的内涵。除此之外，在实践中，高职院校思想政治教育还向许多相关领域延伸。这些延伸的内容，也是高职院校思想政治教育内涵的重要组成部分。例如，高职院校思想政治教育与历史教育、地理教育、国际政治教育相结合，延伸出认识基本国情与基本世情的问题；与法律教育相结合，延伸出培养民主意识与法治精神；与时事相结合，延伸出认识形势与政策的问题；与大学生的日常生活相结合，延伸出日常事务中的高职院校思想政治教育的问题。

一、引导大学生认识基本国情与基本世情

当前，人们受各种思想观念影响的渠道明显增多，程度明显加深，思想活动的独立性、选择性、多变性、差异性明显增强。在各种社会思潮的影响下，当代大学生往往表现出较强的事业心、责任感，但有时也会表现出思想观念辨别意识不强、社会责任感不强的缺点。

针对这些复杂的现象，我们不能简单地肯定和否定，而应结合我国社会主义初级阶段的基本国情和当前的国际形势，对大学生开展基本国情与基本世情教育，让他们认识到，只有社会主义才能使中国强大起来，激发学生树立为建设社会主义现代化强国，为人类作贡献的紧迫感、使命感和责任感。

在国情教育方面，除了加强国家历史与国家地理的教育，还要着重结合改革开放的历史进程，引导学生认识中国特色社会主义的强大生命力，以及在社会主义建设过程中面临的一些突出的问题。改革开放 40 多年来，我国经济社会发生了天翻地覆的历史性巨变，取得的成绩世界瞩目。英国《金融时报》认为，以一个发展中国家的身份，中国成为近年来全球经济增长的主力，这在现代经济发展史上是少见的。在巨变面前，我们仍需保持清醒的头脑，必须看到，中国处在社会主义初级阶段的基本国情并未改变，人民日益增长的物质文化需求同落后的社会生产之间的矛盾并未改变。"一个巨变""两个未变"的国情告诉我们，实现现代化、赶上世界先进水平还有很长的路要走。

在世情教育方面，除了加强世界历史与世界地理的教育，还要着重引导学生认识当今世界和平与发展的时代主题，以及国际环境的复杂性。在 21 世纪，世界多极化和经济全球化的趋势在曲折中发展，科技进步日新月异，综合国力竞争日趋激烈，世界经济失衡加剧，能源资源压力增大，生态环境问题突出，贸易保护主义趋势上升，国际安全面临新的挑战。国际大环境对我国发展既有许多有利因素，也有不利因素。这要求我们准确把握人类社会发展规律，进一步推动建设和谐世界，为中国实现可持续发展创造所需要的外部环境；要求我们抓住机遇，加快发展，在未来的发展中赢得更多主动，在复杂多变的国际格局中始终立于不败之地，这是我们所面临的国际局势变动的新考验。

二、培养大学生的民主意识与法治精神

民主与法制是现代国家的基本特征，也是中国特色社会主义的本质属性之一。培养大学生的民主意识与法治精神，是高职院校思想政治教育的主要任务之一。民主意识与法治精神教育，是当代高职院校思想政治教育的重要内涵。

首先，高职院校思想政治教育要致力于培养大学生健康的民主观念。民主观念是现代国家公民的基本素养。我国是社会主义国家，我们培养的人才更应具有民主的素养。高职院校思想政治教育要致力于培养现代国家的合格公民，培养当代大学生健康的民主观念。众所周知，大学生作为青年群体的一部分，其思维活跃，具有高度的爱国热情，参与国家政治生活的愿望强烈。这种热情和愿望，如果引导到社会主义法治的轨道上，就会成为推进民主政治建设的一种积极因素。相反，如果缺乏正确的民主意识和清晰而牢固的法治观念，不懂得参与民主政治必须依照法律的规定和法定的途径，就容易给社会带来动乱和危害，也违背了大学生的美好愿望。通过法制教育，可以使大学生学习法律基本知识，增强法律意识，形成正确的民主意识和牢固的法治观念，从而通过正确的途径和方法表现自己

的爱国热情，实现自己参与政治活动的愿望。

其次，高职院校思想政治教育要致力于培养大学生的法治精神。我国的社会主义法律是根据国家的经济、政治和社会各方面的需要，依据经济运行规律和社会历史发展规律制定的，是保证社会稳定和社会发展的重要武器。法律作为广大人民群众管理国家、建设国家的重要武器，为大学生投身社会实践，行使主人翁权利，提供了可靠的法律保障。它指导和规范着人们的社会行为及其方向，它明确地赋予人们所享有的权利和应当承担的义务，保护大学生所享有的种种权利。它为大学生的成长开辟了广阔的天地，保护着他们健康成长。谁要是侵犯了大学生所享有的权利和利益，大学生可以拿起法律武器，依靠法律的保护而重新获得这些权利和利益。另一方面，大学生也要遵守国家的法律与制度，做知法守法的公民。必须要让大学生清醒地认识到，只有维护国家法律的尊严，才能赢得自己的尊严，才能在社会上正常发展。大学生作为有知识的群体，是国家未来的栋梁，他们是否具有法治精神，很大程度上影响着中国特色社会主义的法治进程。

最后，需要指出的是，社会主义民主政治最终还要依赖于人们民主意识、法治意识和政治素质的提高。只有提高人们的民主意识、法治意识和政治素质，才能够使他们有序、有效地参与社会主义政治生活。在今后，社会主义政治文明将会取得更大的发展。在这一过程中，高职院校思想政治教育应发挥强大的政治引导功能，强化对大学生的民主与法治教育，提高大学生的民主意识和法治精神，使其无论是在校期间，还是毕业以后，都能够有序、有效地参与社会主义民主事务。

三、认识形势与政策

形势与政策教育是我国高职院校思想政治教育的重要内容和重要形式，无论是从帮助大学生正确认识国内外形势，掌握党和国家的路线、方针和政策，培养学生正确运用马克思主义的思想观点分析问题、解决问题等方面，还是从开阔学生视野，拓宽学生的知识面，弘扬科学精神等方面，都显示了其独有的作用与地位，其受重视程度也随着时间的推移、形势的变化而不断提升。从提出形势与政策教育应当列入教学计划，到决定在高职院校思想政治教育课程中设置形势与政策课程；从把形势与政策课程的管理纳入思想品德课的课程管理体系，列入大学教育全过程，规定保证其平均每周不少于一个学时，实行学年考核制度，成绩列入学生成绩册，到对高职院校学生形势与政策教育的地位、作用、做法等提出了更加明确、更加系统、更加规范的意见，我们可以看出党和国家对加强高职院校学生形势与政策教育的重视程度。

高职院校开展形势与政策教育，应坚持以马克思列宁主义、毛泽东思想、邓小平理论、"三个代表"重要思想、科学发展观和习近平新时代中国特色社会主义思想为指导，深入贯彻党的十九大精神，全面落实党的教育方针，紧密结合全面建成小康社会的实际，以理想信念教育为核心，以爱国主义教育为重点，以思想道德建设为基础，以大学生全面发展为目标，解放思想、实事求是、与时俱进，坚持以人为本，贴近实际、贴近生活、贴近学生。马克思列宁主义、毛泽东思想和邓小平理论教育是使大学生形成科学的政治意识的理论准备，也是开展形势与政策教育的基础和前提条件。要把握好马克思主义在形势与政策教育中的指导地位。当前，要特别重视用科学发展观推进形势与政策教育。科学发展观是与时俱进的马克思主义发展观，同毛泽东、邓小平和江泽民同志关于发展的重要思想一脉相承。科学发展观是用来指导发展的，是紧紧围绕发展这个主题的。坚持以人为本，全面、协调、可持续的发展观，是中国共产党以邓小平理论和"三个代表"重要思想为指导，从新世纪新阶段党和国家事业发展全局出发提出的重大战略思想。习近平新时代中国特色社会主义思想，是马克思主义中国化的最新成果，是 21 世纪中国的马克思主义，是马克思主义在当代中国的创新发展，与邓小平理论、"三个代表"重要思想、科学发展观一脉相承。把形势与政策教育引进高职院校思想政治课堂，其本身就是党的指导思想的重要体现。形势与政策教育要在加强实效性的基础上发展，就必须重视科学发展观的推动作用。

改革开放以来，我们党带领全国各族人民，高举中国特色社会主义伟大旗帜，战胜各种困难，开创了改革开放和现代化建设的新局面，深刻地改变了中国的面貌。我国经济实力显著增强，市场经济体制逐步完善，人民的生活水平大幅度提升，民主法治建设不断发展，文化更加繁荣，社会更加和谐，国防和军队更加强大，国际地位日益提高，党自身的建设逐步深入。中国的发展不仅使中国人民稳步地走上了富裕安康的广阔道路，而且为世界经济发展和人类文明进步做出了重大贡献。当代大学生通过接受形势与政策教育，不仅要使他们充分认识我国发展的成就和大好形势，进一步树立民族自信心和自豪感；更要使他们深刻懂得，改革开放以来我国取得一切成绩和进步的根本原因是：开辟了中国特色社会主义道路，形成了中国特色社会主义理论体系，从而坚定在中国共产党领导下走中国特色社会主义道路的信心和决心。

毛泽东曾经指出，政策和策略是党的生命。我国的政治经济形势在主流上是健康向上的，但是我们从事的是前无古人的事业，没有现成的经验可供借鉴，在国内外还面临着这样或那样的困难，这注定了我们前进的道路不可能是平坦的。因此，必须对广大学生进行形势与政策教育，使他们能够正确地看待当前的形势，看到形势的主流和健康的发展趋势。更为重要的是，党根据当前形势所采取的政策和措施，需要通过教育和学习的途径，为广大知识青年所掌握，以增强他们对社会主义事业必胜的信心。形势与政策教育作为高职院校思想政治教育的重要内容，作为高职院校思想政治理论课的重要组成部分，在高职院校思想政治教育中担负着重要使命，具有不可替代的重要作用。加强对大学生的形势与政策教育，是高职院校思想政治教育的重要内涵。

四、高职院校日常事务的思想政治教育

高职院校思想政治教育是一项长期的工作，不可有丝毫松懈。为此，高职院校思想政治教育必须做宽、做细、做深、做久，使之变成大学生日常生活的一部分；必须时刻关注大学生日常学习与生活中出现的每个实际问题，与大学生的学习与生活紧密结合起来，使高职院校思想政治教育无处不在、无时不有，这就是高职院校思想政治教育的生活化。注重日常生活中的思想政治教育，是高职院校思想政治教育的重要内涵。

大学生的日常生活是丰富多彩的，高职院校的日常事务是纷繁复杂的。做好高职院校日常事务中的思想政治教育，需要从以下几个层面入手。

首先，课堂教学是高职院校基本的实践活动。要充分发挥思想政治理论课程在高职院校思想政治教育中的主渠道作用，充分发挥哲学社会科学课程在培养大学生人文精神中的作用，充分发挥各类自然科学课程在培养大学生科学精神中的作用。

其次，学生日常事务管理是高职院校正常运行的重要环节。要在学生日常事务管理中渗透思想政治教育，实现管理与教育相结合，需要加强制度建设。制度化是任何工作走向正规化、科学化的必经之路。高职院校日常思想政治教育制度化，既包括日常管理工作制度化，也包括专职队伍建设制度化。

再次，丰富多彩的校园文化是大学生日常生活的重要组成部分。只有加强校园文化建设，才能为大学生的成才创造良好环境。校园文化建设首要的是加强校风、教风和学风建设，重点在于培育民族精神和大学精神，形成有自己学校特色的教风和学风。高职院校要通过开展丰富多彩的活动，寓教于乐，寓学于乐，以喜闻乐见的方式将思想政治教育融入大学生的学习和生活中。

最后，网络已经融入大学生的生活，它以信息量大、内容庞杂等特点深刻地影响着大学生的生活方式和思维方式。为此，要切实加强校园网络建设，重点建设集思想性、知识性、趣味性、服务性于一体的主网站，建设一支思想水平高、业务能力强、熟悉学生特点的高职院校思想政治教育工作队伍和网上评论员队伍。高职院校的网络工作者要密切关注校园网的动态，留意学生关心的话题，并注意加强正确的引导。高职院校思想政治教育要牢牢掌握网络的主动权，使网络成为高职院校思想政治教育工作的重要领地。

第二章　高职院校思想政治教育的现状

中共中央、国务院发出的《关于进一步加强和改进大学生思想政治教育的意见》指出，大学生是十分宝贵的人才资源，是民族的希望，是祖国的未来。梁启超先生曾经在《少年中国说》中写道："故今日之责任，不在他人，而全在我少年。少年智则国智，少年富则国富，少年强则国强，少年独立则国独立，少年自由则国自由，少年进步则国进步，少年胜于欧洲则国胜于欧洲，少年雄于地球则国雄于地球。"梁启超先生的这篇文章凸显出青年在国家的重要地位，以及在社会进步发展中的重要职责和关键作用。

第一节　大学生的思想与心理状况

19世纪德国哲学家、心理学家、科学教育学的奠基人赫尔巴特曾经说过："青年初期最宝贵的心理成果是发现自己的内心世界。"大学生随着自我意识的深入发展，自尊心越来越强，但由于受择业、恋爱等问题的困扰，有心理问题的人不在少数，这些心理问题严重影响了大学生的学习和生活。

心理健康与一个人的成才关系重大，是大学生成才的基础。心理健康是大学生全面发展的基本要求，也是其将来走向社会，在工作岗位中发挥智力水平，积极从事社会活动和不断向更高层次发展的重要条件。心理健康可以使大学生克服依赖心理，增强独立性，有利于大学生培养健康的个性心理，是大学生事业取得成功的心理基础。

当代大学生价值取向的主流呈健康向上的趋势，其自立、竞争、公平、效率等时代意识明显增强。从整体看，多种取向并存；从个体看，多数大学生尚未形成完整的、稳定的人生价值观念，在一些问题上常常表现出矛盾或多变的状态。就发展趋势而言，随着社会主义市场经济的不断发展，大数据时代的到来，使各方面利益相互交织，人们的利益观逐渐强化。在这一系列背景下，影响大学生的负面消息不断增加，如果没有系统的思想政治教育对其进行积极引导，则容易导致大学生在人生道路上走错方向，造成不良后果。

当前高职院校学生在思想和心理上的问题主要表现为以下几点。

一、自我封闭和自我孤独

自我封闭是指将自己与外界隔绝，很少参与社交活动，除了必要的工作、学习、购物以外，大部分时间将自己关在家里，不与他人来往。自我封闭者大多孤独，少有朋友，甚至害怕社交活动。著名心理学家拜克拉认为，如果大学生沉迷于网络，很少有与外界进行交谈的机会，则他们会与现实社会脱离，真实的人际关系被割断，导致自我封闭。在网络技术迅猛发展的情况下，大学生借助网络这一载体参与网络交流，与网络中的陌生人交谈。而他们一旦回归到现实生活中，在人际交流时却不知所措。具体表现为有的人恐惧与人直接接触，导致内心更加封闭，造成自我封闭。

自我孤独的大学生总是希望通过网络获取信息资源，以便改变自己，但网络不能消除孤独，反而使孤独感加重。网络具有隐藏性的特点，一部分大学生借助网络的这一特点修复自己的"心灵创伤"。他们常常通过网络平台发泄自己的情绪，排解忧虑。通过匿名的方式，他们的心理压力得以释放，但心理压力的释放并不等于完全得到解决。在这一过程中，网络的虚拟性特点就体现出来。有些大学生则相反，他们本身有时间参加社交活动，但是网络的出现，使他们将大部分时间用于网络交流，使自己的现实生活被网络挤占，与朋友见面交流的机会减少，导致自己的交际圈缩小。因此，网络交流方式有别于现实生活中复杂的人际交往。网络也可以在一定程度上缓解人的心理压力。在现实生活中，人与人是通过身体、语言等方式进行交流的，通过这种方式交流可以了解和读懂对方的心理和所要传达的信息。但是，网络只能借助书面语言进行交流，使大学生的孤独感变得更加严重。同时，网络增加了"谎言"和"真话"的辨别难度，这与现实生活中的直接交往相比，人与人之间的距离变得疏远。网络的虚拟性使大学生沉溺其中，使其自闭与孤独倾向更加严重，致使大学生走向孤僻、冷漠的境地。网络交流一方面开拓了大学生交流的途径，另一方面却剥夺了大学生参与现实交流的机会。

二、人际交往障碍

人际交往能力已被公认为是现代人才重要的素质之一，是大学生综合素质的一项极为重要的内容。常言说："子欲为事，先为人圣。"因此，人际关系是当代大学生的一个重要问题。不少大学生常常为此处于矛盾中：一方面迫切希望广泛社交，得到友谊；另一方面又不愿敞开心扉，与同学交往小心翼翼。这种矛盾会使一些沟通不畅、有性格缺陷的高职院校的学生产生心理问题。现实生活中，有些学生不会主动与人交往，在不肯轻易向外人展示真实自我的同时，又渴望别人能理解自己，这种需求如果得不到满足，就会感到无所寄托，产生孤独感。有的大学生缺乏在公共场合表达自己想法的勇气和能力，害怕自己遭到失败，不敢参与社交活动；有的大学生由于受到批评或遭遇挫折后自信心受到打击，缺乏与人交往和沟通的主动性，认为大学生活空虚、无聊和压抑。

三、痴迷网络，影响学习动力

在网络环境下，大学生借助网络平台构筑了自己虚拟的网上生活。但这存在许多问题，过度地沉迷网络会给大学生带来极为不利的影响。大学生如果长时间沉溺网络，就会对网络产生过度依赖的心理，这样会使正常的学习生活及社会交往受到严重影响，给学生的身心健康造成严重伤害。痴迷网络的大学生在精神上往往表现出两种极端状态：一是上网时精神振奋，全神贯注；二是不上网时精神萎靡，抑郁忧闷。由于这些大学生过于沉溺网络，造成了其校园生活与现实生活脱轨。从大学生上网现状分析来看，痴迷网络包括这样几种形式：一是痴迷于网络不良内容；二是痴迷于各种网络游戏，长时间沉浸在游戏中不能自拔；三是痴迷于"网恋"，他们沉醉在网络所创造的虚幻中。

痴迷网络会给大学生的发展带来极大的消极影响，其中最直接的就是导致大学生学习动力不足。这种影响主要体现在以下几个方面：一是缺乏进取心，畏难心理严重。在困难面前缺乏勇气和信心，回避困难，逃避责任等。二是学习观念保守，缺乏学习的自主性，自学能力明显不足。三是学习态度不端正，对所学知识兴趣不浓，缺乏学习热情和动力，学习效率低。四是学习行为不端，旷课、逃课现象比较严重，对待作业敷衍了事，抄袭作业，考试作弊，逃避学习，得过且过，缺少抱负和期望，没有压力感和紧迫感，对成绩的好坏持无所谓的态度。

四、自我认知失调

自我认知是指对自己的认识和理解，包括自我观察和自我评价。自我认知、自我观察和自我评价是截然不同的。自我观察是指对自己的感知、思维和意向等方面的觉察；自我评价是指对自己的想法、期望、行为及人格特征的判断与评估，是自我调节的重要条件。

如果一个人不能正确地认识自我，看不到自己的优点，觉得自己处处不如别人，就会产生自卑心理，丧失信心。相反，如果一个人过高地评价自己，也会骄傲自大、盲目乐观。因此，正确地认识自我，实事求是地评价自己，是自我调节和人格完善的重要前提。

社会心理学家费斯汀格说过："一个人对自己的价值，是通过与他人的能力和条件的比较而实现的。"当今网络环境下，大学生的自我陶冶能力显著增强，这使得其对外界事物的认识更加感性和随意，当然这种对外界事物评价的随意性，转移到自己身上就显得更加随意。网络环境下，大学生可以效仿网络的思维方式思考问题，这使大学生在现实和虚拟之间产生了严重的断层，而且不能自拔。不同的学生有不同的认知基础、不同的价值目标、不同的个性和行为规范，在网络盛行的今天，围绕统一的标准就难以对大学生进行正确引导，往往会受到大学生的抵制，影响教育效果。

五、"就业"问题

在迈入大学校门的同时，许多大学生就背上了"就业"的思想负担。随着高等教育大众化的发展和信息技术时代的到来，大学生面临的整体就业形势日趋严峻。众多高职院校也认识到这个问题的严重性，纷纷采取行动，通过开展各类讲座、社会实践活动、就业培训等方式，指导大学生树立正确的择业观、职业观和就业观。

大学生就业指导是教育者根据学生个人特征和社会需要，帮助学生规划职业发展、培养职业能力、选择适宜职业，以促进学生个人和社会的和谐发展而实施的有组织、有计划的教育实践活动。大学生就业指导对于大学生自身的就业和成才、高等教育的可持续发展以及社会的稳定发展都有着十分重要的意义，是当前高职院校的重要工作。

俗话说："良禽择木而栖，志士择善而从。"但现在的就业形势严峻，若还按照传统标准难免碰壁。大学生的择业过程是一种个人理想与追求相结合的过程，是一种自我能力与社会需要相结合的过程。当今时代，大学生面对同一个"择业与就业"问题，不同的心理表现出不同的心态。大学生的功名心理、忧患心理、郁闷心理、求闲心理、求便心理、从众心理、依赖心理等，都会以不同的形态突出地表现出来。

第二节　高职院校思想政治教育的现状

我国高等教育的德育继承了党的思想政治工作的优良传统，在党的领导下建立和发展起来的。高等教育的德育，包括高校对学生进行的政治、思想、品德、心理素质教育的各个方面。因此，统称为"思想政治教育"。高校思想政治理论课产生于探索高校思想政治教育工作科学化的实践中，历经初步探索、曲折建立、恢复、改革发展等阶段，出现了许多深刻的变化。在课程设置顺序上，它经历了从马克思主义理论课，到思想政治品德课，最后共同发展融合的演变过程；在名称上，它经历了从高校马克思主义政治理论课，到高校思想品德课，再到高校"两课"，最后又回到高校思想政治理论课的演变过程；在基本建设上，它经历了由不成熟、不规范到比较成熟、规范，再到在深化改革中发展，又到在创新中发展的演变过程。

在我国，高职院校思想政治教育主要通过教育教学得以实现，这门课程承担着对大学生进行马克思主义理论、社会主义相关理论及自我价值观教育等教学任务，是大学生思想政治教育的主要途径。纵观中华人民共和国成立以来，高职院校思想政治教育教学在高等教育中的地位总体上保持了与其他学科教育相平衡的水平。然而随着不同时期的社会变迁和政治需要，高职院校思想政治教育教学的地位也时常发生变化，呈现出忽高忽低的状态，曾给高等教育尤其是高职院校的德育教育造成了不良影响。

网络时代，高职院校已成为互联网用户最密集的区域之一，这就使高职院校思想政治教育处在不断开放的环境中。网络时代既给高职院校思想政治教育带来了严峻挑战，又带来了新的机遇。一方面，社会网络化会充实思想政治教育的内容，推动其理论与时俱进。另一方面，社会网络化进一步开阔了思想政治教育的视野。一是由课堂延伸到课外。二是由校内延伸到校外。三是由国内延伸到国外。落后、封闭、保守的观念被抛弃，创新的观念、实效的观念、信息的观念、竞争的观念被普遍认同，开辟了高职院校思想政治教育的广阔天地。

一、高职院校思想政治教育的总体现状

高职院校思想政治教育的总体现状是先进的、科学的、积极的、进步的，但同时也存在着一些问题和不足。具体可概括为对大学生思想政治教育的重要性认识不到位，对思想政治教育的相关规划与管理不到位，高职院校思想政治教育的内容没有很好地体现科学性和人文关怀，高职院校思想政治教育的工作方法存在简单化、机械化等倾向。

（一）高职院校对大学生思想政治教育的重要性认识不到位

中共中央、国务院发出的《关于进一步加强和改进大学生思想政治教育的意见》（以下简称《意见》）指出，"要高度重视大学生生活社区、学生公寓、网络虚拟群体等新型大学生组织的思想政治教育工作"。《意见》强调指出，大学生是十分宝贵的人才资源，是民族的希望，是祖国的未来。为了贯彻该文件精神，各地教育部门制定了相关实施办法。胡锦涛曾经在 2005 年 1 月 17 日至 18 日举行的全国加强和改进大学生思想政治教育工作会议上指出："切实加强和改进大学生思想政治教育工作，培养造就千千万万具有高尚思想品质和良好道德修养、掌握现代化建设所需要的丰富知识和扎实本领的优秀人才，使大学生们能够与时代同步伐、与祖国共命运、与人民齐奋斗。"这对于确保实现全面建成小康社会，进而实现现代化的宏伟目标，确保实现中华民族的伟大复兴，具有重大而深远的战略意义。但现阶段部分高职院校对作为"主渠道、主阵地、主课堂"的大学生思想政治教育仍然存在一些认识上的误区。而目前，部分高职院校对思想政治教育工作的关注不够，研究不足，尚缺乏有效引导。

1.高职院校普遍没能把握"思想政治教育先行"的本质

党的十八届三中全会通过的《中共中央关于全面深化改革若干重大问题的决定》提出："深化教育领域综合改革，全面贯彻党的教育方针，坚持立德树人，加强社会主义核心价值体系教育，完善中华优秀传统文化教育，形成爱学习、爱劳动、爱祖国的有效形式和长效机制，增强学生社会责任感、创新精神、实践能力。"立德树人是教育的根本任务，是培养什么人，怎样培养人的根本问题。要培养德、智、体、美等方面全面发展的社会主义建设者和接班人，就必须把德育放在首位。立德树人，使我们培养的人才既有高度的道德素养，又有建设社会主义的真实本领。

目前，部分高职院校思想政治教育工作可以用"说起来重要，干起来次要，忙起来不要"来概括。"说起来重要"是党和政府一直强调的，它经常出现在各种文件中，高职院校也确实通过文件进行学习。但是在实际工作中却不能学以致用。"干起来次要"，由于对高职院校教学质量的考察还是通过数字化的成绩考核，所以当专业课程与思想政治课程产生冲突时，思想政治课程要让位于专业课程。由于受传统观念的影响，思想政治教育一直被放在次要位置。在实际的思想政治教育过程中，思想政治教育工作者一直延续传统的工作思路和工作方法，许多活动只是流于形式，使思想政治活动名不副实。

2.大学生对思想政治教育采取漠视态度

调查显示，大学生对政治理论课"很感兴趣、一般、不感兴趣、反感"的比例分别为17.2%、56.14%、17.43%、9.23%；认为学习思想政治理论课"很受教育与启发、有一些收获、没有收获"的比例分别为20.12%、61.51%、18.37%。

对高职院校思想政治教育的看法，一些学生认为虽然有意义、很重要，但远远比不上学习成绩，参加学校活动重要；随着网络的普及，还有一些学生受到网络功利化倾向的影响，认为接受思想政治教育是没必要的。

（二）高职院校思想政治教育的相关规划与管理不到位

高职院校学校管理是学校管理者通过一定的机构和制度采用不同的手段和措施，带领和引导师生和员工，充分利用校内外的资源和条件，整体优化学校教育工作，有效实现高职院校工作目标的组织活动。高职院校管理作为与思想政治教育相辅相成的一种教育手段，是大学生思想政治教育的重要途径。如果缺乏切合实际的、合理的管理制度，那么，大学生思想政治教育就会变得羸弱无力。

现阶段，高职院校对大学生进行思想政治教育管理的部门设置比较简单，主要依托学生处、团委来完成。相比人员众多的专业教育人员，思想政治教育管理者十分匮乏，所以在处理学生一系列的问题时就显得"捉襟见肘"。

另外，高职院校思想政治教育也需要良性的制度来规范。现阶段，高职院校还没能根据自己的实际情况和学生的特点进行教育规范，生搬硬套政府部门的制度规范，没有自己相关的配套制度。即使制定了相关制度，但是具体规定方面做得并不到位。第一，高职院校在制定相关规章制度时，并没有充分地考虑大学生的实际情况，与大学生缺乏沟通；第二，规章制度的相关规定并不是基于学生未来的全面发展考虑，而是基于方便管理者的管理而制定，制度的内容更多的是处罚手段，显得过于机械和单调；第三，高职院校在制定规章制度的过程中机械地照搬国家在相关方面的规定，自主性很差，没能做到"因校制宜"；第四，高职院校缺乏突发事件的早期预警机制，缺乏针对学生思想政治突发事件完备的应急预案。总之，正是因为制度和管理的缺位，最终没有真正形成提高学生思想政治教育的合力。

目前大学生思想政治教育工作体制机制不完善，尤其是依靠法律、制度、政策等保障学生思想政治教育工作的管理还显得比较薄弱。一些高职院校在深化改革的过程中普遍将思想政治教育工作的管理降格或弱化。

（三）高职院校思想政治教育的内容缺乏科学性和人文关怀

思想政治教育工作要注重人文关怀，"既要坚持教育人、引导人、鼓舞人、鞭策人，又要做到尊重人、理解人、关心人、帮助人"。教育人、引导人、鼓舞人、鞭策人，是思想政治教育工作注重人文关怀的任务与目标。尊重人、理解人、关心人、帮助人，是思想政治教育工作注重人文关怀的基本要求和原则。尊重人，就是要尊重人的基本权利和尊严，人的个性和爱好，人的劳动、知识、文化和创造。理解人，就是要理解人的本质和社会属性。关心人和帮助人直接体现了解决思想问题和解决实际问题的统一。关心人，要关心人的利益，要关注民生，关心群众疾苦，切实解决人民群众在学习、工作、生活、教育、医疗等方面遇到的各种实际困难和问题。关心人、帮助人，要特别注意关心、帮助底层民众及贫困人口。高职院校要注意关心、帮助贫困学生，切实解决他们的困难，为他们提供基本的生活、学习条件；还要关注并促进高职院校毕业生的就业工作。尊重人和理解人是做好思想政治教育工作的基础，关心人和帮助人是做好思想政治教育工作的关键。

目前，高职院校思想政治教育主要通过开设课程的形式展开，在课堂讲授的过程中，教师普遍存在着"书本论"的倾向，整个教学过程缺乏科学精神和人文精神，甚至为了应付考核，将思想政治教育的理论条理化。这样尽管知识层次清楚，重点突出，方便记忆，但是普遍表现为学术水平低，人文精神不足，人文关怀不够。从一定意义上来讲，高职院校思想政治教育理论课也应具有人文教育课的内容和属性。只有这样，高职院校思想政治教育理论课才能与人文课程相结合，从而产生"1+1>2"的整体效应，更有利于高职院校思想政治教育的开展。

我国古代早就有"以人为本，本理则国固，本乱则国危"等思想，其中蕴含着浓重的人文关怀。因此，高职院校在进行思想政治教育的过程中一定要注意三个结合：一是将高职院校人文情怀的内容与思想政治教育内容相结合；二是将思想政治教育工作者的人文情怀与大学生的个性化相结合；三是要在注重人文关怀的同时，坚持科学精神，将人文精神与科学精神结合起来。应以进行思想政治教育为桥梁，努力将高职院校建设成为科学的渊薮、人文的殿堂。

（四）高职院校思想政治教育工作方法的简单化、机械化倾向

高职院校思想政治教育工作中受教者主体地位的缺失，使人文关怀失去了施教的根基；受教者自我需要的缺失，使思想政治教育工作失去了人文关怀的回应机制；受教者亲临接触的缺失，使思想政治教育工作失去了人文关怀的场景支撑。大学生思想政治教育工作中的人文关怀是高职院校以人为本，落实科学发展观的体现，是发挥思想政治教育立德树人功能的必然，是高等教育更加开放与多元的要求。为此，彰显大学生思想政治教育工作中的人文关怀，要注意塑造学生独立的人格，满足学生不同层次的需要，把人文关怀贯穿教育的全过程，不断增强思想政治教育工作中人文关怀的实效性。

在高职院校思想政治教育的过程中，由于缺乏人文关怀，取而代之的是机械的、简单的教育方式，所以思想政治教育的实效性并不能令人满意。由于教育不当造成的高职院校思想政治教育"后天不足"的问题比较严重，使部分学生的理想信念、道德素质、思想观念、法治信念、心理健康等方面存在不同程度的问题。要想改善大学生思想政治教育，首先要做的就是"推陈出新"，进行改革，坚持以人为本，注重人文关怀，关心大学生的个体成长，

尊重大学生的主体性发展和个性发展。

"世界上最浩瀚的是海洋，比海洋更浩瀚的是天空，比天空更浩瀚的是人的心灵"。高职院校思想政治教育工作关乎民族兴旺发达，关乎青年一代理想信念，关乎社会繁荣稳定。在新媒体技术不断进步和迅速普及的当今社会，作为高职院校教育工作者，更应责无旁贷，以国家兴旺发达为己任，以大学生身心健康成长为己任，扬长避短，再接再厉，积极奉献，让美好的心灵绽放出绚丽多彩的理想之花。

二、当前思想政治教育理论课教学存在的问题

（一）学生主体存在的问题

1. 对思想政治教育理论课缺乏积极性

思想政治教育理论课在学生方面出现的问题最明显的就是学生的学习积极性不高。一部分学生在教师不点名的情况下，出勤率很低，即使到教室上课，也很少做笔记或认真听课。大多数时间不是看其他书，就是趴在桌子上睡觉，或者跟同学聊天、玩手机，课堂秩序极差。针对思想政治理论课中采取的各方面的创新形式和内容，部分学生也表现出漠不关心的态度。

2. 对思想政治教育的内容缺乏认同感

随着社会主义市场经济体制的建立，一部分学生对马克思主义理论的基本内容出现了不认同感，他们或是受实用主义的影响，认为思想政治理论只是一种空洞的口号、理论，或是结合社会中看到的一些表面现象，以及社会中出现的问题对社会主义的体制产生了怀疑，从而对思想政治教育理论课的教学内容产生了不认同感。这种不认同感在思想政治教育理论课的创新中就表现为对创新漠不关心，对各种新的教学方法和途径不配合。

3. 部分大学生易受到周围不良环境的影响

根据调查显示，一部分学生对思想政治教育理论课起初非常感兴趣，能按时到教室，上课时认真听讲，积极回答问题，课后也能按要求完成作业。但随着时间的推移，往往会有学生产生厌学情绪，课上看其他书籍，旷课、迟到、早退的情况也比较多。大多时候都是教师在唱"独角戏"，学生对思想政治教育理论课的兴趣无法持续下去。

（二）教师主体存在的问题

1. 教师在思想政治教育理论课的理论教学中存在舍本逐末的现象

"本"是指思想政治教育理论课的主要内容，也可以是思想政治教育理论课所使用的教材。"末"是指教材中没有却又必不可少的内容。在思想政治教育理论课的教学创新过程中，教师往往增加一些教材中没有的内容来调动学生的积极性。这种教学方法无可非议，也有利于扩大大学生的知识面，培养学生对某些问题的洞察力。但是过于侧重"末"，而逐渐忽视了"本"，或任由"本"被"末"替代，便不可取了，这违背了思想政治教育理论课的教学目的。"舍本逐末"在大学生思想政治教育理论课的教学创新中，还表现为教师

单纯追求教学形式的创新，而忽视了教学内容的整理与优化，以至于思想政治教育理论课教学创新达不成预期的目标。

2. 教师在思想政治教育理论课的理论教学中忽视与学生的配合

思想政治教育理论课的教学创新是需要师生互动完成的。虽然近几年来开始注重采用互动式教学，发挥学生在课堂上的积极作用。但是研究发现，思想政治教育理论课的课堂教学还是属于教师的"独角戏"。很多时候教师在讲台上讲得天花乱坠，学生在下面却无动于衷，没有丝毫反应。另外，有些教师对师生互动的理解局限于"提出问题—回答问题"，即单纯地提出问题让学生回答，并不考虑学生的知识基础和关注焦点，最终陷于自导自演的境地，即所谓的"冷场"。另外，自导自演也表现为思想政治教育理论课教师只追求形式，而忽视了学生在教学过程中的及时反馈。

3. 教师在思想政治教育理论课中存在重言传、轻身教的现象

人们常说"言传身教"，可见"言传"与"身教"是教学理念中不可或缺的两部分。但是，在很多情况下，人们往往重视"言传"而忽视了"身教"。在思想政治教育理论课中，人们往往认为教师只需要口头宣传。其实，教师以道德楷模的方式对学生进行引导，比口头宣传更具有说服力，也更容易让学生接受。

4. 思想教育工作者存在忽视科研工作的现象

有的领导和部门认为，思想政治教育理论教学改革的文章和专著算不上学术成果，有的教师甚至出现了写好文章却找不到地方可以发表的情况；有的教师觉得思想政治教育理论课的开设是国家行为，教师是贯彻国家的意志，因此按照有关文件和教材讲课就可以了，用不着搞科研。实际上，没有科研做支撑，教学就难以达到较高的水平、层次和质量。同时，要做好思想政治教育理论课教学，并不是靠照本宣科、空洞说教就可以取得实效的。

（三）思想政治教育理论课课堂教学方式存在的问题

1. 教学方法简单

在传统的思想政治教育理论课的课堂上，教师单纯地借助口头语言，进行"填鸭式"教学。现代的思想政治教育理论课课堂，虽然采用了多媒体课件等现代的教学方式，但也只是把教材上的文字放到课件中，因此课件的内容十分枯燥，难以激发学生的兴趣。同时，思想政治教育理论课课堂忽视了实践教学，缺乏说服力。

2. 教材适用性差

一方面，思想政治教育理论课是一门实效性极强的学科，教材内容必须紧跟时代的发展；另一方面，针对不同专业、不同基础、不同地域的学生，采用统一教材，忽视了学生个性的差异。

3. 教学内容重复、陈旧

思想政治教育理论课教学有许多内容在高中时期已经讲过，因此，学生自然会产生无趣的心理，甚至产生厌烦情绪。同时，思想政治教育理论课的内容虽然具有普遍的指导意

义，但是面对当前的社会和经济发展形势已经不能满足教学的需求。目前思想政治教育理论课内容的陈旧主要体现在：

第一，缺乏新视角、新手法，不能充分发挥思想政治教育理论课的主渠道作用。

第二，当今社会较之前已经发生了很大的变化，而思想政治教育理论课的内容却没有及时进行更新，一些新的原理和观点没有被及时吸收进来。

第三，新兴学科、交叉学科以及边缘学科的相关知识与思想政治教育理论课联系甚为紧密，但是当前的思想政治教育理论课却没对这些知识进行充分利用。

4. 理论教学与实践教学割裂

大学生思想政治教育理论课是由两个部分组成的，即理论教学与实践教学。在进行大学生思想政治教育理论课教学的过程中要充分结合实践教学的优点，提高大学生思想政治教育的效果。

第一，理论教学。就理论教学的开展状况来看，思想政治教育理论课在我国所有高职院校中开设，其覆盖面积和执行状况都处于比较理想的状态。只有加强理论教育，以课堂教学为基础，才能不断开发和尝试大学生思想政治教育的其他教学方式。

第二，实践教学。实践教学是巩固课堂理论教学的重要途径，也是对课堂理论知识的延伸和深化。如果学校在教育中不重视实践教学，那么大学生思想政治教育只能停留在理论阶段，并不能体现出思想政治教育的作用。就目前我国大学生开展社会实践的状况来看，多数高职院校没有有效地执行，也没有形成一套具有针对性的实践教学体系，实践教学的状况不容乐观。

第三节　影响高职院校思想政治教育发展的因素

人的思想、观念是社会实践活动和客观现实双重影响的产物。进入 21 世纪，我国大学生的思想有了许多新的变化，这些变化是新时期社会生活的折射，但归根结底离不开其成长和生活环境的影响，离不开其自身因素的影响。

一、经济全球化发展导致国际环境的变化

经济全球化的发展使得不同国家和地区之间的联系日益紧密，彼此之间进行互补与合作，依赖程度越来越高，世界经济日渐成为一个整体。但是，由于政治立场、经济制度等因素的差异，国家之间的矛盾冲突并没有随着全球一体化的趋势而消除，世界政治呈现出了多极化发展的趋势。

（一）全球化带来的消极思想的冲击

经济全球化、政治多极化是当今国际经济与政治的基本形式，也代表未来一段时间内，

世界经济与政治的发展走向。在这一基本趋势的影响下，各国文化既相互融合又相互碰撞，不同国家和地区之间的思想交流空前繁荣。

随着改革开放的不断深入，我国国际化进程不断推进，并逐渐与世界经济、文化和政治生活接轨。由于我国对外交流日益频繁，西方国家的各种文化思想开始传入我国，在带来先进文化与认识的同时，实用主义、拜金主义、享乐主义等消极的思想观念也随之进入我国，并对一部分人产生了影响。对当代大学生来说，他们的价值观念还不成熟，容易受到这些不良思想的侵蚀。因此，在复杂的国际环境与国内环境中，必须加强对大学生的思想政治教育，帮助他们树立正确的世界观、人生观和价值观，提高他们对不良思想的防御能力，促进大学生健康发展。

（二）社会主义信仰的动摇

苏联解体和东欧剧变使得国际共产主义运动受到了重大的挫折与打击，社会主义的前途也遭到了人们的质疑，社会主义信仰面临巨大的危机。在这一背景下，一些人出现了否定社会主义、否定社会主义制度的思想倾向，这对他们的成长造成了重要的影响。在这种背景下，大学生思想政治教育工作者应担负起自己的职责和使命，帮助大学生树立科学的世界观、人生观、价值观，坚定他们的政治信仰，提高他们的思想政治水平和思想觉悟。

（三）社会先进教育理念的发展与我国教育水平较为落后的现实之间的矛盾

21世纪是终身教育的世纪，也是人本教育理念繁荣的世纪。21世纪的教育目标之一就是实现教育的终身化和人本化。所谓教育的终身化，就是把教育当作发展人的生命的过程，当作与人的生存实践相伴随，与人在身体上、精神上的成长共始终的过程化活动。所谓教育的人本化，就是把教育当作人发展自我本质的手段，人所接受的所有教育以及教育的所有方法都是以人自身为出发点的。教育的终身化和人本化是从纵横两个维度，从属性与时空两个层面对教育的本质加以拓展的认知结果，也是教育全球化中的一个发展趋势。

相比较而言，中国的教育目前还不发达，但推动教育的终身化和人本化却是不可回避的任务。科学发展观是我国教育发展的指导思想，也是党和国家进行思想政治教育的战略方针。科学发展观的核心是以人为本，维护、实现和发展人的根本利益，以促进人的全面进步与成长为基本出发点和立足点。按照科学发展观的要求，教育也应当坚持全面、协调和可持续发展，朝着终身教育的方向发展。

我国在2010年颁布并施行的《国家中长期教育改革和发展规划纲要（2010—2020年）》，把以人为本的理念和终身教育的思想贯穿始终，提出要坚持以人为本，遵循教育规律，而且还提出要树立终身教育的理念，构建完备的终身教育体系和终身学习体系。不言而喻，思想政治教育必须与党和国家的教育目标、教育战略相适应，因此也必须大力推进思想政治教育的终身化和人本化，其基本要求是在思想政治教育课程的价值取向上推动科学精神与人文精神的融合；在思想政治教育课程的目标上要关注以思想政治素质为核心的综合素质，关注人与社会的和谐进步，构建思想政治教育终身学习的理念和终身教育的系统。

二、社会主义市场经济导致国内环境变化

就国内环境而言，随着改革开放的推进，中国社会经济快速发展，社会主义市场经济日趋成熟，经济主体向多元化发展，经济利益、社会生活方式、社会组织形式、就业形式呈现多样化的趋势。然而，我国仍处于社会主义初级阶段，生产力总体水平还不高，结构性矛盾仍然存在，收入分配不公的问题尚未根本改变。社会各种不良现象给大学生的内心世界和思想观念带来了强烈冲击，对思想政治教育理论课的建设产生了不可忽视的负面影响。

（一）经济利益多元化对大学生思想意识形态的影响

经济的转型，必然会使社会在价值体系、制度与行为各个层次产生深刻变化。在社会转型期，市场经济的发展不断深入，不同的经济制度在市场领域中共存，在利益的驱动下市场竞争愈加激烈。因此，一些人的意识领域出现了混乱，不同的价值观念和思想意识困扰着当代部分大学生，这一状况使得大学生思想政治教育的难度增加，也为思想政治教育理论课的建设和开展造成一定的困扰。

（二）社会转型期人们思想观念、道德标准的混乱

市场经济本身具有自发性和竞争性两个基本特点。除此之外，市场经济的主体在经营的过程中会追求利润的最大化，在追求利益的过程中很可能忽视人们的思想观念。

改革开放后，我国一部分人的思想价值观念逐渐发生了变化，想要完全恢复原来的观念与道德信仰是不可能的。因此，在有可能发生信仰、观念变化的社会条件下，更应该加强对大学生的思想政治教育。

（三）马克思主义理论的可信度受到理论与现实之间巨大反差的挑战

马克思主义理论是我国社会制度的基础理论，在当代其主要作用是指导我国各项工作的开展，大学生思想政治教育理论课的主要内容是，通过思想政治教育的历程提高大学生思想政治水平，提高大学生的整体素质，抵御社会不良思想，从而大学生今后的发展提供一个良好的思想政治基础。

三、网络发展导致生活环境变化

（一）对大数据时代给思想政治教育带来的问题认识不足

就像全球化趋势一样，大数据时代的发展也是一把"双刃剑"。一方面，新的媒体平台为高职院校思想政治教育工作提供了新的阵地和领域，拓宽了高职院校思想政治教育的载体，给加强和改进高职院校学生思想政治工作带来了新的机遇；另一方面，互联网的发展改变了大学生的心理和思想结构，也冲击了高职院校传统的思想政治教育的方式和方法。第一，大学生获取信息的途径更多，更加便捷，获取的信息更加丰富、开放，这样的信息

获取方式使高职院校知识的权威性和大学生对其的信任度降低。相比较大学生能够积极并善于利用多媒体而言，高职院校思想政治教育工作者则显得有些"捉襟见肘"，思想政治教育的相关部门和相关教师在获取信息的渠道、时间、数量上已不占明显优势。第二，随着网络技术的发展，许多不良信息借助网络平台得以肆意传播，使网络成为有害信息的滋生地和传播地，会给高职院校思想政治教育工作带来不利影响，给缺乏社会经验的大学生群体带来不良影响。

互联网时代，随着网络技术的发展，各高职院校选择网络平台作为自己进行思想政治教育的阵地，基本上建立了自己的思想政治教育宣传网站。这些网站数量众多，但相比之下其浏览量很少。同时，这些网站大部分都是专题性质的网站，普遍存在投入力量有限、与现实结合不够、覆盖面较窄、交互性不强等问题。在网站维护的过程中，重视网页的观感，忽视网页本质内容的建设，使网站"华而不实"。

（二）大学生心理发展的不稳定性，易受网络不良因素的影响

目前我国部分大学生心理健康状况不佳，所以高职院校必须加大心理健康教育的力度。当代大学生面临诸多的压力和困惑，如学业的压力、就业的竞争、情感的困扰、人际关系的复杂、理想和现实的冲突等。现阶段我国大学生心理健康状况从总体上看，不论是量的绝对性还是质的相对性，主流思想是健康积极的，但也存在很多值得重视的问题，如大学生中心理亚健康者占有一定比例，高职院校教学、管理方式的变革等均给大学生带来巨大的心理压力，困惑、迷茫、紧张、焦虑等情绪在大学生的情绪中占有相当大的比例。

（三）虚拟世界中的道德失范，对大学生学习、生活和心理的影响

道德是人格的核心。在大学生容易受网络影响，网络环境的虚拟性使大学生在进行网络社交的过程中过于自我陶醉，而在现实生活中却道德失范。众所周知，教育的功能不只是知识传授，更重要的是培养学生成为独立的个体，唤醒"人格心灵"。网络不能替代教学，网络不能替代交往，网络也不能替代社会实践。我们在进行网络道德教育过程中，不能让学生对网络环境过于依赖，要避免大学生因感情纠葛和交往产生心理问题。网络的不规范使用，容易使大学生沉迷网络游戏，从而诱发人格障碍、认知冲突与思维障碍等网络心理障碍，不利于培养大学生多层次的逆向思维能力和随机思维能力。因此，伴随着网络产生的大学生的心理问题必须引起我们的高度重视。

第三章　高职院校思想政治教育教学理念创新

中国传统的思想政治教育教学往往采用理性的方法，用说教和灌输的方式对受教育者进行劝导。长期以来，思想政治教育常常被理解为统一人们思想认识的一种手段，过多地强调其政治功能和作用，忽视其自身所固有的人文情怀。体现在理念上，就是灌输理念，就是不注重人的知、情、信、意、行等方面的统一性，理性的主宰使思想政治教育与生活世界的联系中断，给人们造成了"假""大""空"的不良印象，严重扼杀了受教育者的主体性和积极性，忽视其受教育的客观差异性，导致高职院校思想政治教育教学无法取得预期的效果。在新阶段，世界与中国都发生着广泛而深刻的变革，社会经济成分、组织形式、就业方式、利益关系和分配方式日趋多样，大学生的独立性、选择性、多变性和差异性日益增强，因此，高职院校思想政治教育教学工作必须要适应时代的新要求。

第一节　高职院校思想政治教育教学理念及其创新价值

一、高职院校思想政治教育教学理念的含义

"理念"一词是由西方词语翻译而来，源于古希腊语，后来在英文中用"Idea"表示。苏格拉底最早提出了关于"理念"的理解。柏拉图、康德、黑格尔等人对理念进行了专门论述。"理念"在汉语中长期缺乏明确的词义，依《辞海》中的解释，"理念"即观念，通常指思想，有时指表象或客观事物在人脑里留下的概括的形象。我国学者对"理念"的研究表明，当代人使用的理念尽管仍有哲学的成分，但已不完全是哲学的含义了，而是泛指人们对事物或现象的理性认识所形成的观念或观点，并且是一种追求的目标或境界，或者说是一种对理性追求的概念化、系统化的表述。那么，"理念"的含义究竟是什么呢？

理念是人们经过长期思考及实践所形成的思想观念、精神向往、理想追求和哲学信仰的抽象概括，是理论化、系统化了的，具有相对稳定性、延续性和指向性的认识、理想的观念体系。理念具有时代性，具有引导时代发展的价值。

教育教学理念是人们在教育实践中形成的对教育这一特殊的社会活动的理性认识，以及人们在教育思维活动中形成的教育观念。教育教学理念是教育思想家乃至整个民族长期发展形成的价值取向的反映、体现和追求，是关于教育发展的一种理想性、精神性、持续

性和相对稳定性的观念体系，具有导向性、前瞻性和规范性的特征。

　　高职院校思想政治教育教学理念，即高职院校思想教育工作者在长期的教育教学实践过程中形成的对思想政治教育教学这一特殊的社会活动的理性认识，以及人们在思想政治教育思维活动中形成的教育观念，是一种指向性观念。

二、高职院校思想政治教育教学理念创新的重要性

　　当前，我国正处在社会转型的关键时期，思想政治教育处于全球化、市场化、信息化的新环境。因此，加强和改进高职院校思想政治教育教学，必须站在时代和全局的高度，进行整体性和战略性的思考。中共中央、国务院在《关于进一步加强和改进大学生思想政治教育的意见》中指出："面对新形势、新情况，大学生思想政治教育工作还不够适应，存在不少薄弱环节。"《意见》还指出："在继承党的思想政治工作优良传统的基础上，积极探索新形势下大学生思想政治教育的新途径、新方法，努力体现时代性，把握规律性，富于创造性，增强实效性。"面对新问题，高职院校思想政治教育工作者要想把握思想政治教育教学发展、创新的方向，当务之急是必须创新思想政治教育教学的理念。

　　1. 创新是高职院校思想政治教育教学生命力所在

　　高职院校思想政治教育教学工作要适应新环境、新要求，迎接新挑战，就必须在求真务实、锐意创新上下功夫，紧紧围绕"培养什么人、如何培养人"的根本问题，形成创新的理念。教育教学理念是教育实践的内在动力，教育的改革与进步必须以理念的突破和更新为先导。没有先进的教育教学理念，教育的目标必定是片面的，教育的行为必然是短期的，教育的发展必将是被动的。教育教学理念能够使具体的教育行为具有超越自身、跨越现实的功能，产生持续性发展的内在动力。这是因为教育教学理念本身是指向教育的"应然状态"而非"实然状态"。教育教学理念的转变和创新意味着教育工作者面对新环境将以新的眼光重新审视和认识教育现象，以新的范型重新把握和建构教育体系，以新的方式重新组织和拓展教育活动。

　　2. 创新是对高职院校传统思想政治教育教学理念的反思

　　高职院校思想政治教育教学理念的创新是在对思想政治教育发展趋势进行客观分析的基础上的理性思维创新。改革开放以来，高职院校思想政治教育教学理念创新的历程表明，科学的思想政治教育教学理念对思想政治教育的改革和发展实践具有先导性、前瞻性和决定性的作用。思想政治教育教学理念进行科学创新的时期，也是高职院校思想政治教育教学实现科学发展的时期。例如20世纪80年代秉承坚持四项基本原则，培育"四有"新人的教育理念，在一定程度上加强了对高职院校大学生的思想政治教育。但由于当时没有一套成熟的理论做指导，一些高职院校在思想政治教育的建设和探索过程中，对其复杂性、艰巨性缺乏必要的认识和思想准备，在实践中往往方向不明、摇摆不定，采取了以防守应急为主的工作方式，导致这一时期高职院校思想政治教育教学工作在全国范围内呈现出停

滞不前的局面。20 世纪 90 年代，在对高职院校思想政治教育教学全面反思的基础上，各高职院校以邓小平理论为指导，加快思想政治教育的基础建设，明确了思想政治教育的定位，适应了市场经济体制，使高职院校思想政治教育教学得到了健康、稳步的发展，为我国改革和发展做出了重要贡献。21 世纪以来，高职院校思想政治教育教学坚持"以人为本"，注重人文关怀和心理疏导，贯彻落实科学发展观，在培养和造就社会主义事业的合格建设者和可靠接班人方面发挥着日益重要的作用，呈现出崭新的局面。

3. 理念创新是思想政治教育教学发展的灵魂

高职院校思想政治教育教学理念的创新，是在继承和发扬党的优良传统的基础上的创新，是在充实提高基础上的创新，是在加强和改进基础上的创新。随着时代的发展和社会的进步，新时代学生的视野更加开阔，思维更加活跃，思想更加开放，理念更加新颖。他们在继承传统的同时，又带有自身的一些特点，例如主体意识逐渐增强，生活空间逐步扩展，生活内容丰富多彩，社会参与意识、社会责任感、法治观念、公平与效率观念、求知欲望、开拓精神等现代化的行为标准和价值取向的表现更加突出，这些变化正强烈地冲击着传统的思想政治教育。但是，与此同时，这些变化又为思想政治教育教学的创新提供了契机。因此，新形势下高职院校思想政治教育教学面临着大好机遇和严峻挑战，必须不断进行创新，以保证自身价值的有效实现。而一切创新首先是理念的创新。思想政治教育教学的重点是以理念创新为先导、立足点。可以说，思想政治教育教学理念对思想政治教育工作起决定性的作用。只有按照时代发展的要求，不断创新教育教学理念，才能全面推进和深化思想政治教育改革，提升思想政治教育的实效性，引导思想政治教育教学工作的新发展。

4. 创新高职院校思想政治教育教学理念是思想政治教育规律实现的必然要求

思想政治教育的目的归根结底在于培养学生树立正确的世界观、人生观、价值观和荣辱观，提高其思想道德素质。思想政治教育要达到既定的目标和要求，关键是要遵循思想政治教育规律开展教育，任何违背思想政治教育规律的教育，都会削弱甚至抵消思想政治教育的作用。在当前形势下，高职院校思想政治教育教学的主体内容是社会主义核心价值体系和学生成才教育，但要把这一教育内容转化成受教育者的思想，不能采用"一刀切"的教育方式，而必须遵循思想政治素质形成与发展的内在要求和规律，坚持统一性与多样性相结合、理论与实际相结合，引导受教育者自觉实现知、情、意、行的统一，才能真正发挥教育的功能。同样，高职院校思想政治教育教学需要关注人的精神与发展需求，引导受教育者紧跟时代发展步伐，站在时代的前沿，才能成为时代与社会的主人，这必须要有适应时代需要的导向，即以人为本的价值导向，才能真正发挥思想政治教育规律的作用。

第二节　高职院校思想政治教育教学理念创新的基本要求

高职院校思想政治教育教学的发展是一种动态的、变化的过程，理念的发展亦是一个不断更新的过程。以灌输理念为代表的传统思想政治教育教学理念已经无法适应新形势的发展，理念的创新已经成为进一步加强和改进高职院校思想政治教育教学首先需要解决的问题。高职院校思想政治教育教学理念的创新具体有以下几点要求。

一、必须反映和符合时代特征

改革开放以来，高职院校思想政治教育教学理念逐渐深化，以适应时代发展的要求，从而使高职院校思想政治教育教学工作不断显现生机和活力。例如，十一届三中全会后，党和国家的工作重点实现了战略转移，为适应这一重大转变，高职院校思想政治教育教学理念也发生了转变，即由"以阶级斗争为纲"转变为对人才的培养和科学研究。此外，由于社会主义经济建设急需全面发展的人才，因此，邓小平同志提出了培养"四有"新人的思想，集中反映了社会主义制度对社会成员的思想意识、政治觉悟、道德品质和文化修养的全面要求。培养"四有"新人不仅体现了时代发展的要求，也体现了对学生寄予的殷切期望。党的十四大以来，随着社会主义市场经济体制的确立和逐步完善，社会各领域人们的思想认识都发生了深刻变化，这一时期确立了思想政治教育工作"重在建设"的方针，贯彻"素质教育"的工作理念。高职院校党组织坚持以邓小平理论武装全体党员和广大师生，加强党的建设和社会主义精神文明建设，有力地推动了思想政治教育的发展。

二、必须遵循学生成长成才的规律

高职院校思想政治教育教学只有坚持以学生为本，着眼于与学生生活实际相结合，与知识传授、能力培养、素质提高相统一，才能促进学生健康成长。例如，党的十一届三中全会解除了长久以来禁锢人们的精神枷锁，但与对外开放相伴的是西方各种现代理论思潮的传播，这迫切要求思想政治教育工作者对其予以阐释，并积极开展对学生思想特点及其发展规律的研究。建立社会主义市场经济体制的改革目标引起了一场深刻的社会变革。学生如何在体制转换过程中，坚持社会主义价值体系的主导地位，继承和发扬中华民族的优良传统，树立正确的世界观、人生观和价值观，在观念、知识、能力、心理素质等方面尽快适应新的要求，成为困扰学生的难题。而准确把握当前学生思想、生活、学习的特点，遵循学生成长成才的规律，创新思想政治教育教学理念，加快思想政治教育的基础建设，明确思想政治教育的定位，完善思想政治教育目标体系，是高职院校思想政治教育教学的应对之策。

进入 21 世纪，改革开放的持续深入使学生的思想活动表现出了明显的独立性、选择性、多变性、差异性。高等教育大众化阶段的到来、互联网等现代传媒的迅速普及，使得高职院校思想政治教育教学工作必须在理念、目标、途径等方面做出深刻变革。

三、必须坚持正确导向，引导学生健康成长

高职院校思想政治教育教学理念对学生的思想行为具有重要的导向作用，理念是否科学，关系到思想政治教育能否自觉引导、动员和推动学生在社会实践中沿着正确的方向前进，直接关系到党的事业能否顺利进行，关系到高职院校思想政治教育教学的成败。高职院校思想政治教育教学理念创新，既要坚持正确的政治方向，引导学生全面理解和贯彻党的基本路线，又要坚持正确的价值取向，引导学生在社会主义市场经济条件下正确认识和处理社会价值与个人价值之间的关系，克服用社会价值否定个人价值，或用个人价值否定社会价值的价值偏向，在实现社会价值的过程中实现个人价值。中央提出的加强社会主义核心价值体系建设，就是坚持正确的政治方向和价值取向的统一。只有坚持正确的政治方向和价值取向的统一，思想政治教育教学理念才能更好地发挥导向作用。科学发展观为推进高职院校思想政治教育教学理念创新提供了明确的理论指导和思想保证。科学发展观的核心是"以人为本"，以人为本是高职院校思想政治教育教学理念创新的核心，也是思想政治工作的出发点与落脚点。根据"以人为本"的要求，高职院校思想政治教育教学必须在教育中融入更多的人文关怀，从每个学生独特的个性和心理特点入手，有的放矢地对其进行引导，着眼于学生的全面发展。实现人的全面发展，高职院校思想政治教育教学要在理论和实践的层面帮助学生适应社会发展的全面性与丰富性，克服以往"政治人""道德人""经济人"的局限，真正按照人的本质属性实现学生的物质与精神、科技与人文、生理与心理、知识与能力等方面的全面发展。

四、必须注重贴近实际，满足学生的发展需求

高职院校思想政治教育教学理念创新要贴近实际、贴近生活、贴近学生，注重满足学生的实际需要。思想政治教育教学应从学生的实际生活出发，关注学生的现实发展需求，让学生在生活体验中理解思想政治道德要求，从而学会做人、学会做事。学生的生活世界是丰富的、多层面的。从生活内容看，包含物质生活、精神生活和政治生活；从生活形态看，包括感性生活、知性生活和理性生活；从理解程度看，还可分成可见的生活世界、可知的生活世界和可把握的生活世界。思想政治教育工作者应认识到学生生活世界的复杂性，并注重不断提升和丰富其层次和内涵，从而更有效地贴近学生的现实生活。

大学生是我国社会科学文化水平和精神文化需求最高的社会群体。学生的精神文化生活需要不断产生和发展，为适应这一新的形势和发展要求，高职院校思想政治教育教学不仅要维护学生的物质利益，而且应重视满足学生日益增长的精神文化需要。

第三节　高职院校思想政治教育教学理念创新的构成

知识经济时代的到来，人们的思想观念给思想政治工作带来极为深刻的影响。思想政治教育作为一项培养人、教化人的主体对象性的活动，应关注人的主体性发展，以时代的历史使命为参照系，在马克思主义关于人的主体性理论的推动下，努力创新思想政治教育观念，全面推进思想政治教育教学理念创新。具体来讲，高职院校思想政治教育教学理念创新包括价值观的创新、任务观的创新、主体观的创新、方法观的创新和质量观的创新等。

一、思想政治教育教学价值观的创新

创新思想政治教育教学价值观的目的主要是确立社会价值与个人价值内在统一的新价值观。思想政治教育工作者必须关心个人对合法利益的维护和追求，激发人的上进心和积极性，同时引导人们将个人利益与单位利益和社会整体利益结合起来，自觉遵纪守法。社会与个人是辩证统一的，一方面，社会的发展是个人发展的前提和基础。只有在国家这个共同体中，个人的才能和素质才可能全面发展，换言之，只有在共同体中才能存在个人自由。这就要求所有人都必须自觉地维护和服从国家和社会的利益，依据社会发展的需要，全面发展自身的才能和素质，在发展国家和社会利益的过程中发展自身的利益，在推动社会发展的事业中实现自身的价值。另一方面，个人的全面发展是社会全面进步的必要条件，每个人的自由发展是一切自由发展的条件。这就要求国家和社会尊重和兼顾个人发展的内在需要，保障个人的正当利益，尽最大可能为个人的全面发展提供和创造条件。因此，我们必须克服片面的唯社会价值观，同时，也要防止唯个人价值观，要确立社会价值与学生价值内在统一的新价值观，在满足社会发展要求的前提下，充分尊重和兼顾学生个人发展的内在需要，以促进社会价值与个人价值的协调发展。

二、思想政治教育教学任务观的创新

思想政治教育教学任务观的创新主要目的是确立和灌输社会规范与培养能力和个性的有机结合的新任务观。受传统教育思想的影响，在过去的很长一段时间里，思想政治教育教学的全部任务仅仅被归纳为"传道"，即向学生灌输政治、思想和道德规范。传统教育思想的最大缺点是不重视培养学生的能力和个性，甚至存在着否定和抹杀学生个性的倾向，其主要表现为学生仅仅被视为社会规范的接收器，因此，在思想政治教育中简单说教、硬性强迫的现象普遍存在，而学生往往也就被培养为缺乏个性和创造力的"标准件"。社会规范的灌输与能力和个性的培养是有机统一的。首先，在现阶段，随着市场经济的发展和知识经济的兴起，大众传播媒介日益发达，各种思想和信息纷至沓来，社会环境愈加复杂。

在这种环境下，需要着力培养学生辨别是非的能力、自主选择的能力和自我修养的能力，使他们能够在复杂的环境中始终保持清醒的政治头脑和坚持正确的思想政治方向，而具有这种意识和能力又离不开社会规范的灌输。其次，学生是共性和个性的统一，学生的发展既是一个社会化的过程，也是一个个性化的过程。没有社会化，学生就不能适应社会；没有个性化，学生也不可能成为独立的、自主的、富有创造性的生气勃勃的主体。因此，我们必须克服片面的唯社会规范灌输的任务观，同时也要防止忽视甚至否定灌输社会规范的倾向，要确立灌输社会规范与培养学生能力和发展个性有机统一的新任务观。在改革教育方法，提高灌输效果的同时，着力培养人的能力和个性，促进学生的全面发展。

三、思想政治教育教学主体观的创新

思想政治教育工作者需要确立教育者的主体性与学生的主体性辩证统一的新主体观。长期以来，在思想政治教育教学中，思想政治教育工作者总是视教育者为唯一主体，而忽视教育对象在思想政治教育中的主体性，把教育对象仅仅视为消极被动地接受教育的客体，这必然导致思想政治教育教学中的强制服从和单向注入，影响和压抑了教育对象的积极性和主动性。实际上，高职院校思想政治教育教学情境中的教育过程既是思想政治教育工作者按照社会要求积极组织、实施教育的过程，也是学生基于自身的认知水平和内在需要主动选择教育内容和自我教育的过程。学生的自我选择是必然的，这也正是其主体性存在的证明。教育者的主体作用是对学生主体性的激发、引导和培育作用。学生的教育只有通过学生的积极活动，尤其是学生的自我教育才能达到预期目标，两者是辩证统一的。思想政治教育教学工作只有在尊重学生主体性的基础上，唤醒和激发他们的主体意识，培养他们的主体能力和主体人格，才会使学生实现由自在主体向自为主体的转变，才会使其积极参与自身的发展与建构，丰富而和谐的主体性才有形成的可能。可以这样说，受教育者主体性的发展正是他们作为主体参与自身全面发展的基础和前提，没有主体性的发展，学生的全面发展就无从谈起。人的发展其实是一个由他律走向自律的过程，即依赖性日益减弱，主体性日益强化，不断地扩大对现实的自由度的过程。自主性、能动性、创造性是人的各种潜能中最重要，也是最高层次的潜能。现阶段学生主体性的发展，从历史联系的角度看，它是学生全面发展过程中的一个承上启下的必要环节，是学生的全面发展在当前的现实化状态和现实化道路。因此，为了实现学生的全面发展，思想政治教育工作者必须克服唯教育者主体观，同时也要防止片面的唯自我教育主体观，从而确立教育者主体性和学生主体性辩证统一的新型主体观念。

四、思想政治教育教学方法观的创新

创新思想政治教育教学方法观的主要目的是确立教育者活动方式与学生活动方式有机结合的新方法观。由于受教育者主体观的影响，思想政治教育教学的方法被单纯地理解为教育者的活动方式，被仅仅视为教育者在对学生进行思想政治教育教学的过程中所采取的方式和手段。于是，思想政治教育教学方法的选择和运用往往也就从教育者自身出发，仅仅依照自身的条件、爱好而定，不考虑学生的兴趣爱好、思想水平和接受能力。因此，思想政治教育教学也就难以激发学生的积极性，结果收效甚微。

思想政治教育教学方法是教育者与学生双方共同活动的方法，它既包括教育者主动地认识、影响和培养学生思想品德的方法，也包括学生能动地反映和接受教育的影响，主动地认识和塑造自己思想品德的方法。同时，由于学生的活动是其思想品德发展变化的内因，教育者的活动则要通过学生的活动才能发生作用，因此有效的思想政治教育教学方法，首先就应当是能够引起学生积极活动的方法，这就要求我们变革教育模式。首先，应充分发挥学生在思想政治教育教学中的主体作用，通过师生之间民主平等的交流，教学相长，促进学生自我教育、自主判断、自我选择，实现思想品德的自我发展和人格的形成；其次，应加强道德实践，即克服传统教学空洞、理论说教的弊端，为学生提供实践机会、交往环境和展示的平台，以交流合作、考察体验、躬行践履等方式形成自身的道德规范；再次，思想政治教育教学应同解决学生实际问题相结合，也就是要求教育工作者在思想政治教育教学过程中及时地解决学生在学习、生活、就业、心理等方面的问题和困难，以增强工作的实效性。

五、思想政治教育教学质量观的创新

创新思想政治教育教学质量观的主要目的是确立思想道德素质与科学文化素质全面发展的新教学质量观。现代思想政治教育教学坚持以人为本的原则，是指在思想政治教育教学活动中，坚持一切从人出发，尊重人、理解人、关心人，充分调动和激发教育对象的积极性和创造性，达到以人的全面发展为目的的观念。高职院校思想政治教育教学坚持以人为本的原则，就是要把思想政治教育教学促进社会发展与促进学生全面发展的双重功能在教学实践中充分发挥出来，这既是我们对以往高职院校思想政治教育教学经验教训的深刻总结，也是由我们党的性质决定的，同时又是思想政治教育教学在新的历史条件下进一步发展的需要。高职院校思想政治教育教学作为培养人的思想品德的活动，其质量首先要看学生思想道德素质的发展。但是，学生的思想道德素质与科学文化素质是有机联系、互相渗透的。一方面，思想道德素质是提高科学文化素质的思想保证和精神动力。远大的抱负、明确的目的和顽强的毅力是学生学习和掌握现代科学文化知识不可缺少的精神条件。另一方面，科学文化素质又是提高思想道德素质的智力基础。科学的世界观和人生观、崇高的理想信念、高尚的道德情操、社会主义民主法治观念总是以一定的科学文化素质为基础的。因此，高职院校必须克服唯思想道德素质发展的质量观，确立思想道德素质和科学文化素质全面发展的质量观，要在着力提高学生思想道德素质的同时，着力激发和引导他们努力学习和掌握科学文化知识，促进学生素质的全面发展。

第四节 高职院校思想政治教育教学理念创新的策略

新形势下高职院校思想政治教育教学理念创新是随着实践发展的一个动态过程，需要坚持一切从实际出发，把握好继承与创新、坚持与发展、创造与引进的和谐统一，坚持以理念创新指导工作创新，用工作创新检验、巩固和发展理念创新。

一、更新教育教学理念，促进学生和谐发展

（一）引导和帮助学生树立和谐理念

树立和谐理念，用科学发展观统领教育的全过程，培养学生具备以下四种基本理念。

第一，全面、协调、可持续的科学教育发展观。科学教育发展观就是要培养学生的未来意识和全球生态意识，就是要使学生树立全面、协调、可持续发展的经济观、社会观和自然观。

第二，和谐共存的教育过程观。学生个体的成长是在教育过程中进行的。和谐共存是教与学和谐统一的教育过程，要达到这一目标，必须坚持教师主导作用与学生主体地位的和谐统一原则；知识技能的培养与发展智能的和谐统一原则；传授知识与思想教育的和谐统一原则；全面素质的提高与个性、特长发展的和谐统一原则。

第三，全面发展的教育质量观。教育质量是一切教育活动的生命线。在考察每个学生发展的质量时，要注重学生的个体差异性，坚持教育质量的全面性和发展性。教育质量的全面性是现代社会对人才的基本素质要求，要对全体学生的发展质量进行全面考察。教育质量的发展性要求衡量教育质量的高低不能仅着眼于学生在校期间掌握和记住了多少知识，而是要着眼于为学生走向社会后的可持续发展奠定了怎样的基础。

第四，民主融洽的师生观。师生关系是学校教育中最基本的人际关系，师生关系在知、情、意、行方面相互作用，无时无刻不影响着教育的过程和结果。和谐教育要求建立一种民主平等、尊师爱生、情感交融、协力合作的新型师生关系。教师由"独奏者"成为"伴奏者"，学生的主体地位得到充分体现。

培养学生的和谐精神，主要通过以下几种方式实现。

第一，开展社会主义核心价值体系教育是培养学生和谐精神的根本。社会主义核心价值体系是社会主义意识形态的本质体现，是引领当代学生成长成才的根本指针。对学生进行社会主义核心价值体系教育，就是要坚持用马克思主义，特别是用马克思主义中国化的最新成果武装和教育学生；用中国特色社会主义共同理想凝聚力量，激发学生的活力；用以爱国主义为核心的民族精神和以改革创新为核心的时代精神鼓舞学生的斗志；用社会主义核心价值观引领学生的道德风尚，深入进行理想信念教育、国情教育和形势与政策教育，

切实把社会主义核心价值体系融入高职院校思想政治教育教学和精神文明建设的全过程，从而转化为学生的自觉追求。

第二，把诚信教育作为培养学生和谐精神的重点。就个人而言，诚实守信是高尚的人格力量；就单位而言，诚实守信是宝贵的无形资产；就社会而言，诚实守信是正常秩序的基本保证；就国家而言，诚实守信是良好的国际形象；就教育而言，没有诚实守信，教育就失去了灵魂；就学生而言，诚实守信是学生做人的根本，是文明道德风尚和良好人际关系的道德基石。从总体来看，当代学生的诚信状况是良好的，但由于社会、学校、家庭以及学生自身的原因，如浮躁心态，对他人、社会的责任意识淡薄，是非辨别能力比较差等，在少数学生身上出现了诚信缺失的现象。有些学生对诚信道德的基本范畴是认同的，但当关系到自身利益，如考试、评奖、毕业、求职等，便放松对自己的要求，使知与行相背离，坚守诚信道德的意志力不强。学生的诚信教育要从学校、教师、学生三个方面抓起。学校要严格按照党的教育方针、政策、法规和程序制度办事，办好人民满意的大学；教师要以诚信赢得社会的尊重，在教书育人的过程中牢记自己的神圣职责，以培养人才、丰富知识、发展先进文化为己任，以高尚的人格、过硬的水平塑造良好的教育工作者的形象；学生要以诚信赢得社会的尊重，要求自己做到讲诚信、讲道德，言必信、行必果，言行一致、表里如一、诚心做事、诚实做人，从一点一滴的小事做起，不断提高思想道德素质、科学文化素质。

第三，培养学生的全球意识，关注人类的普遍伦理是培养和谐精神的重要组成部分。经济全球化和社会信息网络化使得全世界日益缩小为"地球村"。面对新环境，学生认识问题的角度和层次发生了许多新变化，对国际形势、国际问题和国际信息的理解逐步成为学生世界观、人生观、价值观形成的基础。在这种情况下，培养学生的全球意识，有助于他们跳出个人思想的狭小领域，不仅从本民族、本地区的角度思考问题，更能够从国际的、他国的、其他民族的角度看待问题和处理问题，关心人类，关注地球，构建和谐世界。在培养学生全球意识的同时，我们更要关注另外的一个方面，那就是西方敌对势力利用全球化和信息化的优势，给我国的主流思想带来了前所未有的冲击，并在"文化交流""文化冲突"等词汇的掩盖下，别有用心地冲击我国的主流思想和社会文化主旋律，削弱中华民族传统文化的内在凝聚力，再通过影响国际舆论的手段对青年学生进行思想领域的争夺，这就决定了我们的和谐教育与思想政治教育既不能在封闭的条件下进行，又要有警惕性。

二、转变教育教学理念，促进学生自我教育

在重视人自我主动发展、张扬个性的时代，高职院校思想政治教育工作者要转变教育教学理念，立足于学生身心发展规律，正确看待教育对象，灵活地选择最佳的教学活动和教学方式，充分发挥学生的主体作用，体现学生的主体意识和主体行为，进一步培养学生在教育教学活动中自我教育的主动性、积极性和创造性。

1.深刻领会教育真谛，树立重视自我教育的教育教学理念

所谓"教是为了不教"就是要培养学生"自我教育"和"自我管理"的能力。从这个意义上说，"自我教育"的理念，在教育改革上具有重要意义。我们强调自我教育是教育的理想境界，并不是否认教育的作用，更不是削减教育者的责任，而是对思想政治教育工作者提出了新的更高的要求，强调教育工作者要深刻领会教育的真谛，即尊重人的主体意识，弘扬人的主体性，充分发挥教育对象的主观能动性。教育工作者要积极引导学生自觉按照党的教育方针和培养目标进行自我规范、自我修养，将自我教育不仅作为一种教育方法、途径，更要作为一种教育模式、教育理念贯穿教育的全过程，坚持教育和自我教育相结合，充分发挥学生的主体性和创造性，努力为国家培养建设者和接班人。

为了适应当今时代对德才兼备、素质全面的新型人才的需要，为了满足对当代学生全面发展的殷切期望与迫切要求，在教育过程中应着眼于学生综合素质的全面发展，高度重视学生的科学文化素质、身体素质和心理素质的共同提高和发展。不仅要向学生传授知识和技能，更重要的是要"唤醒"学生的自主意识，培养他们自我学习的主动性及学习的能力。既注重学生知识量的多少，又注重内在的组织状况，促使学生形成良好的认知结构，在学会知识的同时，学会对知识的理解，形成自己独特的个性和判断能力。因此，自我教育必须以理想信念教育为核心，以爱国主义教育为重点，以基本道德规范为基础，指导学生自主、自发、自觉地树立正确的世界观、人生观和价值观；同时也要以学生的全面发展为目标，深入进行素质教育。德与才缺一不可，自我教育必须坚持"两手抓""两手都要硬"。

2.增强高职院校思想政治教育工作者自我教育的意识，提高受教育者自我教育的积极性

高职院校思想政治教育工作者在教书育人的工作中，对受教育者有着巨大影响。教育工作者的教学水平和人格风范直接影响受教育者对世界观、价值观和人生观的取舍及精神世界的构建。因此，如何提高思想政治教育工作水平，增强他们自我教育的意识，使受教育者能够进行充分的自我教育，是每个思想政治教育工作者必须思考的问题。在此过程中，教育工作者更要努力提高自身素质，在人格和精神上，为受教育者树立一个具体而鲜活的形象，使学生"见贤思齐"。

此外，教育工作者尤其要树立自我教育意识，处理好教育与自我教育、引导学生自我教育与鼓励学生自主进行自我教育的辩证关系。一方面，教育工作者"必须有更强的组织协调能力，引导、帮助受教育者自我发展，设定正确的、具体化的、切合实际的、与社会发展相一致的自我教育目标"，并通过体制建设使自我教育保持正确的方向和轨道；另一方面，教育工作者还要让受教育者发挥其主观能动性，尽可能放手让学生在活动中自己管理自己、自己教育自己，鼓励他们大胆去做，不包办代替，也不自由放任，加强辅导、指导、支持，充当好导师、参谋、顾问的角色。多教方法，多给关怀，多些引导，提高他们对自我评价的自信心和工作能力。

自我教育关注的是人的自觉行为，其本身就是"以人为本"的教育理念，只有不断随着学生群体情况的发展而发展才能具有生命力。所以，思想政治教育工作者必须贯彻以人

为本的思想，以"贴近"的姿态，更及时地了解学生群体的发展情况，要在贴近实际、贴近生活、贴近学生的教育过程中，随时发现新情况，解决新问题，调整教育思路，改进教育措施，切实增强思想政治教育工作的实效性。

3. 完善自我意识，提高学生自我教育的能力

（1）培养学生的主体意识，建立学生自我教育引导机制。人的主体意识并非从一出生就具有，它必须通过后天的培养和引导才能逐渐形成，是在自我意识的基础上形成的。自我意识是主体自我对客体自我以及自我与外部世界关系的一种认识。我们必须努力引导学生加强对思想政治教育的自我认识，使他们能够明确思想政治教育对其成长成才的意义，并内化为他们的自觉需要，从而促使他们积极主动地进行自我教育。

（2）创新学生组织，完善学生自我教育组织机制。自我教育是有强烈主体色彩的教育方式，与其他教育方式一样，它也需要受教育者之间互动、切磋，也需要集体环境的推动。传统的学生组织如班级、学生会、学生社团等都是以"自我教育、自我管理、自我服务"为目的的学生群众组织，是推进学生自我教育的重要组织力量。在此基础上，我们应结合新形势努力进行组织形式和组织内容的创新，例如根据高职院校后勤社会化、学生宿舍公寓化的情况，建立以公寓为中心的学生组织；根据学生党建特点，建立党团协调组织，并结合学生的工作性质将一些重要的基础性工作（如心理工作、学生安全稳定工作等）纳入其职责范围。应积极鼓励他们自主开展形式健康的组织活动，推进批评与自我批评互动教育机制建设，不断完善集体教育与自我教育、主动自我教育与集体自我教育相结合的"自我教育"组织，保障自我教育的顺利实施。

（3）加强校园文化建设，形成学生自我教育的坚实平台。校园文化是以学生为主体，以教师为主导的，在特定的校园环境中创造与社会和时代密切相关且具有校园特色的人文氛围、校园精神和生存环境。校园文化与学生群体的创造分不开，它反映了学生群体的共同愿望和内在需要，它最贴近学生的生活实际，对学生也最具感召力。校园文化作为一种文化形态，具有独立性，能够以其历史积淀对学生群体产生潜移默化的引导和规范作用，具有思想引导、素质培养、感知协调、人心凝聚等重要的育人功能。将内在需要与引导教育相结合的校园文化是学生自我教育必需的文化生态环境和氛围，同时也为学生进行自我教育提供了坚实的平台。

三、推动互动教育，加强和改进高职院校思想政治教育教学

高职院校思想政治教育教学的互动教育观就是在思想政治教育工作中，教育者和被教育者共同参与、互相启发、收获的一种教育过程。教育者和被教育者双方有着更直接、更充分的信息交流和情感交流，工作方式由传统的、单向灌输的、被动的"完成任务、解决问题、防范型"转变为主动的、着眼于"人的全面发展"的双向互动式，以适应新形势下高职院校思想政治教育教学工作的要求，提高思想政治教育教学工作的实效。

高职院校思想政治教育教学工作是做"人"的工作，其实质也是一个互动的过程，它是教育的主体之间、主体与环境之间的相互作用、相互促进的过程。

1. 构建互动式思想政治教育教学工作的运转模式

（1）主体互动。高职院校思想政治教育教学工作的主体是教师和学生，其互动的效应不仅有师生之间的互动，还应有教师之间的互动、学生之间的互动，他们的互动对学生思想政治教育也有很大的影响。在这些互动类型中，师生互动是基础的、起决定作用的，教师之间、学生之间的互动对学生的成长有示范作用。一方面是师生互动。教师是培养德、智、体、美等方面全面发展、有社会主义觉悟、有文化的劳动者的关键，是对学生在思想政治和专业知识方面进行言传身教和施加潜移默化影响的重要力量。师生互动式的教育活动在于教师对学生产生巨大影响，使学生受益的同时，也促进了教育工作者责任心的增强和业务水平的提高。另一方面是学生互动。高年级学生与低年级学生之间的互动对学生思想政治教育也有很大的影响。高年级学生对低年级学生有很强的榜样、示范作用。高年级和低年级学生之间的交流，使他们容易进行思想、学习上的沟通，他们的互动在学生思想政治教育中也起到重要作用。同时，作为低年级学生的榜样，高年级学生就更要不断提高自己的素质，从而实现和低年级学生在成长过程中的相互促进。

（2）主客体互动。互动式思想政治教育教学工作的客体主要包括校园文化和社会环境。一方面是校园文化与思想教育的互动。校园文化的力量表现为它可以造就一种潜移默化的氛围，这种氛围构筑成一种文化效应场，有着极强的思想教育内涵。校园文化是高职院校加强思想政治教育教学的良性载体，它集中体现校园主导群体的价值观，是对学生产生强大凝聚力和持久性影响的根源，是陶冶、融合学生的理想、信念、作风、情操的精神家园。每个学生都能在校园文化氛围中获得一种归属感、自豪感和依赖感，并不知不觉地受到一种特殊的熏陶，进而内化为激励自己奋进的动力。同时学生能动地作用于校园文化，既可以提升校园文化的品位，优化校园文化的氛围，又能升华精神和心灵，提高自己的人文素养，实现与主导文化的共振和共进。另一方面是社会环境与思想教育的互动。思想政治教育教学工作是在一定的社会条件下进行的，具有很大的社会制约性。因此，思想政治教育教学要发挥最大的效力还必须建立与社会环境影响相一致的工作机制。与学校教育环境相比，社会教育环境本身及其影响客观上包含着两种相反的倾向，它既包含着积极的引导、促进和保障作用，也包含着消极的腐化、堕落的影响。

2. 实施思想政治教育教学双向互动的主要途径

（1）充分尊重学生的主体地位，增强教育的主动性。思想政治教育教学要尊重学生在教育中的主体地位，高职院校应强化三种意识：一是服务意识。思想政治教育教学作为高职院校一项重要的工作，其目的在于强化学生的理想信念，塑造学生正确的世界观、人生观、价值观。实现这一目的就要求高职院校辅导员必须强化以人为本的观念，积极主动地为学生的学习、成长和发展服务，设身处地为学生着想，聆听学生心声，帮助学生解决实际问题。二是尊重意识。个人对尊重的需要是需要的较高层次，能否满足人的尊重需求是思想政治教育工作能否取得实效的重要前提。当代学生作为一个行为个体，具有强烈的人格独立意识，又有平等的愿望。因此，在思想政治教育的过程中，教育者要用平等态度对待学生。首先，要尊重学生的人格，一视同仁地对待每一位学生。其次，要尊重学生的成才愿望。对学生考研、入党等成才愿望，辅导员应结合实际给予正确引导。最后，尊重学生的创新意识。只有不断激发学生的创新能力，思想政治教育教学才能不断彰显其生命力和感召力。三是情感意识。无论多么先进的教育手段都不能替代面对面的思想政治教育工作。思想政治教育教学必须注重与学生的情感交流、沟通和融合，做到以爱动其心，在晓之以理、动之以情中达到润物细无声的教育目的。

（2）营造双向互动的教育环境，增强教育的交互性。营造双向互动的教育环境应抓住以下三点：一是要在教育中以互动教育为主旋律，教育者把教育过程看作是一个动态发展的、理论与实践统一的、交互影响和交互活动的过程。在这个过程中，通过调节教育者与被教育者之间的关系及其相互作用，形成思想政治教育双方共同参与、积极互动、取长补短、优势互补的和谐教育环境，从而使教育者与被教育者在思想上产生共振，以提高教育效率，增强教育效果。二是要利用信息网络载体，营造开放、平等、高效的空间和环境，使双向互动式教育的功能得到发挥。随着信息技术的发展，互联网在人们的生活中占据着越来越重要的地位，成为人们获取信息的重要媒介，网络教育也在高职院校中逐渐兴起。相比之下，传统的思想政治教育方式，如课堂讲授、报告，就显得枯燥乏味，教育效果自然不佳。而通过利用现代技术，特别是网络技术和信息技术在收集、积累、传播教育内容上的及时性、互动性、生动性的优势，分别为影响学生思想形成与发展的各个侧面设置可选择性的内容。例如，通过在网上开设领导信箱、心理诊所、论坛等，引导学生提问题、亮思想、提建议，帮助学生找答案、解困惑、受教育。三是要开辟互教共育途径。建立团体成员互助互教机制，发挥非正式组织和非正式途径在集体中的融合作用；组织学生、家长、社会开放日活动，使三方加强沟通，使学生和谐相处，融入集体。坚持把教育拓展渗透到学习、工作、日常生活和点滴养成中，开展富有特色的文化活动，寓教于乐。

（3）关注学生个性发展与全面发展的统一性，确保教学实效性。作为思想政治教育工作者，教师必须关注学生个性发展与促进学生全面发展。一是要关注学生个性发展。针对学生的个性特点以及性格、家庭背景、兴趣爱好、行为方式的不同，探索学生身心发展规律，因材施教，使学生的个体潜能、智慧、创造力得到发挥；建立积极向上的学生社团，通过学生社团的活动加大学生与社会的接触面，实现学生间接了解社会的需求，学生的个性得到张扬，才艺得到展示，身心得到调整，成才愿望得到满足，使思想政治教育教学效果在实践活动中发挥应有作用；开展心理教育与心理咨询活动，高度重视当代学生在心理排解、心理分析、心理素质发展方面的需求，关心学生的内心世界，不断消除学生在社会改革和自身发展过程中积累的精神苦闷和心结。二是要促进学生全面发展。充分发挥思想政治教育教学在学生全面发展中的导向、激励和保证作用，既要入乎其内，解决眼前的现实问题，又要出乎其外，着眼于学生未来的发展。要引导学生摆脱低层次的精神，树立为社会、国家、未来成长的信念。三是要正确处理个性发展与促进全面发展的关系。个性发展是全面发展的核心，全面发展是个性发展的基础，没有个性发展的全面发展不是真正意义上的全面发展，没有全面发展的个性发展很可能是一种畸形的个性发展，要实现两者的有机结合，确保教育取得实实在在的效果。

（4）建设一支先进的思想政治教育工作队伍，确保教学的质量。以人为本的思想政治教育双向互动结构模式的推行需要一支素质过硬、结构合理、相对稳定的思想政治教育工作队伍。辅导员作为高等学校教师队伍的重要组成部分，是开展思想政治教育教学的骨干力量，是学生健康成长的指导者和引路人。要坚持以人为本，通过各种途径加强辅导员队伍的整体素质，为其全面发展创造一切条件，营造教育氛围，充分尊重辅导员的主体性，强化其在学生工作过程中的导向作用。充分调动辅导员的积极性、主动性、创造性，顺应新时代的需求，建设一支素质过硬、结构合理、相对稳定的思想政治教育工作队伍。

四、创新思想政治教育工作，深入推进素质教育

21世纪是充满竞争的世纪，综合素质高、创新能力强是21世纪对人才素质的基本要求，这些变化给思想政治教育工作带来了新的机遇和挑战。我们必须坚持解放思想、实事求是、与时俱进的思想路线，坚持"育人为本""德育为先""全面育人"的工作理念，努力增强思想政治教育的预见性和时效性，营造思想政治教育教学的良好环境，加强对思想政治教育教学组织领导和队伍的建设，使我们的工作更加贴近学生的思想、情感和实际，在创新中实现思想政治教育工作的新发展。

（一）创新思想政治教育教学工作思路

良好的工作思路是做好思想政治教育工作的基础，思路敏捷清晰，能保证思想政治教育工作有明确的方向。因此，要以战略高度，用前瞻性、发展的眼光研究新时期的工作，要认识到当代学生主体意识和独立意识的增强，过去传统教育模式的效果已经不明显，必须坚持以人为本的原则，尊重、理解、服务学生，引导、教育、相信学生，从而提高思想政治教育工作的实效性。充分发挥第二课堂在思想政治教育教学中的主阵地作用，深入开展社会实践活动，探索实践育人的长效机制，建立学校特色的校园文化，把握网络思想政治教育教学的主动权。同时还要重视加强心理健康教育，帮助学生处理好成长过程中出现的各种具体问题。

（二）创新思想政治教育教学工作内容

一方面，高职院校要以科学正确的理论来武装当代青年学生。坚持以马克思列宁主义、毛泽东思想、邓小平理论、"三个代表"重要思想、科学发展观和习近平新时代中国特色社会主义思想为指导，坚持党的基本路线和基本方针，要以科学的理论武装学生，以正确的舆论引导学生，以高尚的精神塑造学生，以优秀的作品鼓舞学生，培育"有理想、有道德、有文化、有纪律"的社会主义新型学生。做好思想政治教育教学工作，必须完成四项主要

任务：要以理想信念教育为核心，深入进行树立正确世界观、人生观和价值观教育；要以爱国主义教育为重点，深入进行弘扬和培育民族精神教育；要以基本道德规范为基础，深入进行公民道德教育；要以学生全面发展为目标，深入进行素质教育。另一方面，在思想政治教育教学中要加强法治意识、纪律观念的教育。当代学生往往个性都比较强，违反校纪校规的现象时有发生，个别学生甚至做出一些违法的事情，因此，提高学生的法治意识、纪律观念显得十分必要。

（三）创新思想政治教育教学工作手段

要充分发挥"两课"教育的主渠道作用，加强党的思想理论"进课堂、进教材、进头脑"的步伐，提高"两课"教育的实效，真正使党的思想理论成为当代学生强大的精神支柱，把学习和掌握党的思想理论作为提高学生全面素质的重要环节。主动运用信息网络开展思想政治教育工作。网络思想政治教育是传统思想政治教育在互联网上的延伸和发展，是思想政治教育与信息网络相结合的产物，是思想政治教育的一种现代方式。高职院校网络思想政治教育教学是指根据学生的身心特点，利用网络，并在网络空间进行的用符合一定社会发展要求的思想观念、政治观点、道德规范对学生施加影响，以提高现实社会和虚拟社会中学生的思想政治素质、网络信息素养和引导学生成长成才为目标的一种双向互动的虚拟实践活动。网络思想政治教育需要思想政治教育工作者利用网络速度的优势，及时地公布健康、科学、正确的思想政治信息，把校园网络建设成开展思想政治教育的重要思想阵地；需要注重从网络上捕捉时代热点，与学生进行网上交流沟通，及时解答他们就学校管理方面提出的各种问题，通过这种互动式、引导性的教育，提高思想政治教育工作的效率，使思想政治教育更具有生机和活力。

（四）创新思想政治教育教学工作方法

第一，情与理相结合。"动之以情，晓之以理"是思想政治教育工作的一项原则，"情"是血肉，"理"是灵魂，是统帅，情在理中发展，以情感人是手段，以理服人是目的。"感人心者，莫先乎情"，通过情感的沟通和道理的阐明实现学生思想的转化。第二，教育与管理相结合。有效的管理能够给思想政治教育工作带来意想不到的效果。把思想道德融入管理中，自律与他律相结合，内在约束与外在约束相结合。因此，学校在完善各项规章制度的同时，要加大对规章制度的执行力度。将学生的在校表现与学生的考核结果挂钩，也是提高学生思想道德素质的有效办法。学校对每个学生进行综合素质测评，学期末汇总排名，测评成绩与学生评奖学金、各类荣誉称号、择业范围等联系起来，特别是德育的考核采取量化的办法，使学生明确什么该做，什么不该做。第三，务虚与务实相结合。在思想政治教育教学过程中要坚持把解决思想问题同解决实际问题结合起来，切实解决一些学生学习生活中存在的困难。第四，思想政治教育与心理咨询相结合。新时期思想政治教育工作必须加强学生的心理健康教育，如果不了解学生的心理，就无法做好学生的思想教育工作，更难以引导学生健康成长。因此，要加快实施学生心理健康教育的步伐。一方面，学校要开展学生心理健康普及教育,另一方面要加强心理咨询工作。心理咨询是对学生生活、发展、择业等方面的问题提供直接或间接的指导帮助,解决学生中存在的心理问题;优化学生心理素质,提高其心理健康水平,促进人格成熟及全面发展。第五,课堂教学与社会实践相结合。课堂是学生获取知识的主要场所,学生往往被任课教师高尚的人格、严谨的态度、渊博的知识所吸引,他们比较容易受任课教师的感染,接受教师的理论观点和思想观点。因此,教师在传授知识的同时要多做学生的思想政治工作,真正做到既教书又育人。

五、贯彻以人为本,运用网络推进思想政治教育教学

(一)抓好平台,树立运用网络进行教育教学的新观念

互联网的发展,开拓了思想政治教育教学的新空间,为思想政治教育教学提供了新的教育载体,也为学生主体性地位的发挥提供了网络平台。一是互联网使学生的自我教育能力增强。有了信息网络,学生可以从传统的被动地接受教育和学习,转变为主动地利用互联网提供的教育资源自觉学习、自我发现、自我教育,增强了自我学习、自我教育的能力,开发了自身的教育潜能。二是互联网使双向互动的教育成为现实。网络的交互性、开放性、即时性等特点,可以营造一个开放、民主、平等、高效的环境,使教育主体的能动作用得到充分发挥,双向互动的教育格局成为可能。运用这一现代化手段开展思想政治教育,可以使学生以平等的身份参与教育,使其从被动接受教育转变为主动接受教育,使交流方式由"面对面"变成了"点对点"。三是通过网络教育更能了解学生的真实想法。网络是一个虚拟的世界,学生在这个世界里尽情地展示自己真实的精神世界及其心理、情感,这使网络成为学生表达思想、交流心声的载体,通过"键对键",实现"心对心"。所以,网络教育满足了学生自我教育的需要,其积极性、创造性受到激励,使学生的主体地位和创造精神受到尊重;实现了民主、平等的交流,使学生的人格得到尊重。因此,在教育中贯彻以人为本这一理念,要树立运用网络进行思想政治教育教学的新观念。

(二)充分利用和占领网络阵地,扩大交流渠道和空间

信息技术的空前发展和互联网的迅速普及,正极大地改变着人们的思维方式和生活习惯,也为我们开展思想政治教育工作提供了现代化手段,拓展了思想政治教育工作的空间和渠道。与传统的教育方式相比,网络的优势十分突出,主要表现在:信息量大、传递速度快;较少受时空限制;学生选择的余地大,主动性得到发挥;可以更好地实现资源共享,而且与课堂传授相比,网络教育更能够做到潜移默化、春风化雨。利用网络开展思想政治教育工作,关键是打好主动仗,高职院校必须主动占领网络思想政治教育阵地,全面加强网络建设,建设集思想性、知识性、趣味性、服务性于一体的主题教育网站,积极开展生动的网络思想政治教育活动,使网络成为弘扬主旋律、开展思想政治教育工作的重要手段,牢牢把握网络思想政治教育的主动权。

（三）建立以校园网络为载体的互动式思想政治教育体系

当今时代，网络与学生的生活和学习息息相关，密不可分，这为思想政治教育工作的开展提供了很大的机遇。

首先，网络拓宽了师生交流的空间。教育者不但可以通过网络及时了解学生的心理状况和现实需求，增进师生之间的情感交流，还可以在网上组织自主式、互动性的讨论，实现教育方式由"单向灌输型"向"双向、多向交流型"的转变。

其次，网络丰富生动的内容可以增强学生学习的兴趣，拓展学习的深度，提高理论学习的广度和深度。但网络教育绝不意味着简单的理论灌输和思想教育，必须依托网络优势，整合教育资源，建立一个内容丰富多彩、形式多样的互动式思想政治教育体系。

依托校园网络建立互动式思想政治教育体系，需要注意以下几点。

第一，正面引导学生使用网络，树立正确的网络观。加强对学生进行正确的引导，通过让学生乐于接受的方式，教育引导学生正确、合理使用网络。要让学生明白不能将网络作为玩乐的工具，更不能作为接受错误、低级、庸俗思想的途径，而要将网络这种先进的工具作为扩展知识面、收集健康信息、提高学习能力、培养综合素质的好帮手。通过网络充分发挥学生的聪明才智，既为学生的成长成才服务，又为国家的建设和发展服务。

第二，建立思想政治教育网络信息平台。面对网络的客观情况，思想政治教育教学工作要开辟思想政治教育工作的新途径，充分发挥网络快捷、方便、低成本的优势，建立思想政治教育网络信息平台。一是可以建立网上班级、网上支部、网上社团、网上讲坛等，让学生在最短的时间内最方便地了解各种信息，参与各种网上活动，增强学生的归属感和集体感，培养其集体意识和参与意识，塑造其良好的人格。二是通过社区论坛、电子信箱、QQ群、博客等平台，让学生广泛参与各种讨论交流的同时，学校也将正确、积极、向上的思想和理念传达出来，对学生形成潜移默化的影响，帮助学生树立正确的人生观、世界观和价值观。高职院校要通过网站，宣扬社会主义核心价值体系，用社会主义核心价值体系武装学生的头脑，用马克思主义占领网络空间。

第三，培养学生自教自律能力。网络作为一个崭新的信息世界，相关法律法规和道德规范还不够健全，人们更多的是需要按照自己在现实社会中的人生体验约束自己。所以，帮助学生提高辨别能力，培养自教自律能力是思想政治教育适应网络时代的重要措施。学生要培养自学能力。大学的一个重要功能就是要培养学生学会自主学习，这是学生在大学期间需要培养的最重要的能力，也是为以后走向社会成为有用的人才打下的坚实基础。学生不仅要在教室、图书馆学习，还要提高网络学习能力，充分利用网络获取大量有益的知识和信息。学生还要培养自控能力。学生要学会保护自己的身心健康，不正确地上网或过度上网都会对学生的身体和心理产生较大的影响，甚至出现严重的后果。因此，学生要学会克制自己，既能放松地走进网络，又能理智地走出网络。学生更要培养自辨能力。学生在进入网络空间后，面对眼花缭乱、错综复杂的信息，要学会自己辨析网络信息，抵御各种诱惑，使自己成为网络时代的主人，而不是网络的"奴隶"。

第四，提高思想政治教育工作者的网络德育能力。高职院校思想政治教育工作者要与时俱进，认真分析新形势下思想政治教育的新情况，明确互联网给思想政治教育带来的机遇和挑战，把握互联网思想政治教育的新特点。这就要求思想政治教育工作者改进教育理念和工作方式，既要提高使用网络的能力，又要掌握网络最新信息，还要能够利用网络开展切实有效的思想政治教育。例如，通过微博及时传达学校的要求和个人的思想，及时了解学生的信息反馈，掌握学生的思想动态，与学生实现全方位的交流，有的放矢地做好学生思想政治工作。

第四章 高职院校思想政治教育教学方法的创新

思想政治教育教学是我国高职院校学生掌握马克思主义理论，提高自身道德修养的重要途径，对大学生的世界观、人生观、价值观的形成起着十分重要的作用。因此，创新思想政治教育教学方法是高职院校思想政治教育教师的一项重要的任务。

第一节 高职院校思想政治教育的教学方法

任何教学目标的实现和教学活动的开展，都离不开一定的合理的方法。列宁指出："方法也就是工具，是主体方面的某个手段，主体方面通过这个手段和客体相联系。"毛泽东同志也指出："我们不但要提出任务，而且要解决完成任务的方法问题。我们的任务是过河，但没有桥或没有船就不能过。不能解决桥或船的问题，过河就是一句空话。不解决方法问题，任务也只是瞎说一顿。"方法是实现目标的载体，合理地使用方法才能有效达成目标，没有方法的教学活动是不存在的。

高职院校思想政治教育的教学方法是实施思想政治教育理论教学内容，完成思想政治教育理论课教学目标，提高思想政治教育教学效果的核心和关键环节；要改革和构建思想政治教育教学方法体系，必须首先弄清高职院校思想政治教育教学方法体系的内涵与特点，明确高职院校思想政治教育教学方法体系的分类意义与标准，分析各种高职院校思想政治课程具体的教学方法的利弊得失，并随着高职院校思想政治教育教学实践的发展和人们对高职院校思想政治教育教学规律认识的不断深化，不断充实、丰富、发展和完善高职院校思想政治教育教学方法体系。

一、高职院校思想政治教育教学方法的内涵

所谓教学方法就是为了达到教学目的，师生进行有序且相互联系的活动的种种方式所构成的系统，它包括教师教的方法和学生学的方法及其相互之间的有机联系，是在教学的过程中教师和学生为完成教学目的和任务所采取的途径和程序的总和。从教与学过程的角度看，是指教师和学生在教学过程中，为达到一定的教学目的，根据特定的教学内容，双

方共同进行并相互作用的一系列活动方式、步骤、手段、技术和操作程序所构成的有机系统，它包含着这样儿个有机联系的层次或要素：一是必须有指明教学活动的目的方向；二是必须有达到目的方向所要通过的途径；三是必须有达到目的方向所必须采取的策略手段；四是必须有达到目的方向所运用的工具；五是必须有有效地运用工具所必须遵照的操作程序。从教学活动的具体需求来看，教学方法的内在结构是由语言系统、实物系统、操作系统、情感系统等子系统构成的有机系统。教学方法得当与否，是教学内容能否得以有效贯彻，教学质量好坏的重要保证。

高职院校思想政治教育教学方法，是指思想政治教育教学过程中，教师为提高大学生的思想道德素质和科学文化素质，培养大学生马克思主义理论素养及其运用马克思主义的立场、观点和方法分析问题、解决问题的能力，帮助大学生树立正确的世界观、人生观、价值观所采用的各种方式、手段、工具的总和。从广义上讲，思想政治教育教学方法是师生双方为了教学活动的顺利进行，实现思想政治教育教学任务和目的而采取的一切途径、方式、方法和手段的总称，它既包括教师对教法的选择和教学程序的设计，又包括教学组织形式和教学语言、教学艺术风格；既包括思想政治教育理论课教学中的哲学方法、一般方法和心理学方法，又包括在教学过程中具体采用的教学方法；既包括教学过程各个阶段所采用的理论教学方法和实践教学方法，又包括思想政治教育教学工作各个环节的方法，如教学管理方法、教学评价方法、教学研究方法和教育技术方法等。从狭义上讲，思想政治教育教学方法是指思想政治教育理论课教师在教学过程中，为了完成教学任务而采取的对大学生进行世界观、人生观、价值观、道德观教育的具体教学方式、方法和手段。本章所说的思想政治教育教学方法和思想政治教育教学方法体系，都是从狭义上来理解的。

思想政治教育教学方法体系，不是从广义上而是从一般方法论上，阐释思想政治教育教学方法的基本特点、基本原则、基本要求，以及具体的教学方法和实施途径，重点是阐述思想政治教育教学实践中一系列行之有效的具体理论教学方法和实践教学方法体系，是思想政治教育各种教学方法按照一定的标准和原则集合在一起构成的方法体系的总和。

二、高职院校思想政治教育教学方法的特点

思想政治教育教学方法体系是对思想政治教育教学实践规律的认识和总结，它与一般教学方法是特殊和一般的关系，是一般的教学方法在思想政治教育中的应用和继承。思想政治教育课程设置的特殊教育功能，要求其教学方法体系除了具备一般课程教学方法的特点外，还应具备适合思想政治教育承担的政治思想和品德教育的独有的特点。

（一）理论与实际相结合的特点

理论与实际相结合是实事求是思想路线的要求，是马克思主义的体现。思想政治教育教学方法中实行理论与实际相结合，是保持其生命力的关键，也是提高思想政治教育教学质量和效果的根本要求。理论与实际相结合的科学依据既来源于认识与实践的辩证关系，

也是由思想政治教育教学的性质所决定的，高职院校思想政治教育教学既具有理论性，又具有应用性。强调理论与实际相结合的教学方法，一方面是为了防止在思想政治教育教学中脱离实际讲理论的教条主义、本本主义倾向；另一方面也是为了防止在思想政治教育教学中以实际代替理论的经验主义、实用主义倾向。思想政治教育教学是以学习马克思主义理论为主要内容的教学，坚持马克思主义学风尤为重要。理论的"精"和"管用"是一致的，如果教给学生的理论"不管用"，就谈不上"精"。思想政治教育教学能紧紧把握"实事求是"这个精髓，也就做到了"精"和"管用"的统一，而把握"实事求是"这个精髓，必然要求理论与实际相结合。理论与实际相结合、理论与实际相统一并非一蹴而就、一成不变的，它是一个动态的发展过程。因为现实的实际情况总是在不断变化发展的，理论与实际的发展不同步、对不上号，理论超前或者滞后于实际的现象就会经常出现。因此，在思想政治教育教学方法的选择上，始终坚持理论与实际相结合，把思想政治教育教学内容同历史上中国革命与建设的实际，同当代中国改革开放和现代化建设中的实际，同大学生世界观、人生观、价值观问题及其思想实际有机结合起来，引导学生对理论与实际情况不一致的问题进行客观分析、深入研究，以消除理论与实际间的反差，提高学生用马克思主义理论说明问题和解决问题的能力。

从总体上讲，思想政治教育教学内容的讲授和教学方法的选择，要特别注意联系五个方面的实际：一要联系理论本身形成和发展的实际。要讲清楚理论产生和发展的背景、条件、根源和创新点，深刻认识与时俱进是马克思主义理论的固有品质，增强理论观点的说服力。二要联系当前国际国内的社会实际，帮助大学生了解国内外形势的发展，理解和掌握党和政府所采取的路线、方针、政策。三要联系大学生身边的实际，帮助大学生正确处理生活中可能遇到的矛盾和问题。四要联系大学生的思想实际，帮助大学生解决思想困惑，提高思想认识。尤其是对大学生普遍关注的国内外重大现实问题，要做到心中有数，尽量结合讲授。五要联系教师本身的实际。教师只有真信、真懂、真用、真情，才能使思想政治教育教学既有现实性、时代感，又有感染力、说服力。

（二）灌输与启发相结合的特点

课堂教学法是高职院校思想政治教育教学的基本形式和主要方法。这种课堂讲授就是一种理论灌输方式。在高职院校思想政治教育教学中，进行系统的马克思主义理论灌输，是由思想政治教育的政治性和方向性原则决定的，也是符合世界观、人生观、价值观形成的基本规律的。

一段时期以来，我们一谈到"灌输"，就把它看作是一种僵硬、死板的方法，其实这是一种误解。任何先进的思想理论并非人们天生具有的，而只能是在后天的社会生活中通过一定形式的社会实践活动获得。作为马克思和恩格斯创立的代表人类先进思想的理论结晶的科学社会主义理论体系，重视对工人阶级的政治理论教育，是其一贯原则，并且这种教育只能在革命的实践中实现。

在高职院校思想政治教育教学中"灌输"马克思主义，并非要强"灌"硬"输"，它与那种"填鸭式""满堂灌"的教学方法不可同日而语。恰恰相反，要使灌输的内容同大学生产生心理上、思想上的共鸣，就必须采取灌输与启发相结合的教学方法，这是与马克思主义一贯主张思想教育只能贯彻疏导方针，不能搞强制压服是一致的。如果说，灌输式教学是思想政治教育方向性原则的要求，那么启发式教学则是其思想性与科学性原则的要求，也是符合学校教学目的要求和学生学习活动的规律的。启发式教学是调动学生学习主动性，激发其学习潜能，培养其独立思考和研究能力的教学方法。启发式教学更能促进学生消化所学知识并使之向能力转化。在高职院校思想政治教育教学中，必须善于运用启发式教学，对一些较为抽象的理论采取由浅入深、环环相扣、层层深入的讲授方式，以便学生理解和接受。这种教学方式，是由具体事例引出抽象原理和普遍真理，使学生的思想认识由浅入深，逐步深入，因此能产生较大的启发作用和教育意义。

（三）原理阐述与案例形象具体相结合的特点

原理阐述是理论型课程教学的基本方法，是对课程体系中的基本概念、原理、定律、规律和基本理论观点进行逻辑推演、严密论证、系统阐述的方法。高职院校思想政治教育教学内容博大精深，是集科学性、思想性、阶级性、实践性于一体的逻辑严密的理论体系。其中包含许多基本概念、基本原理、基本规律和基本的理论观点。这些基本的理论内容，不仅需要全面地了解认识，而且应该准确地掌握运用。因此，在思想政治教育教学中采用原理阐述的讲授方法是非常必要的。这种方法注重概念的准确界定、原理的科学论证、理论的逻辑推演、体系的完整一致，其优点是培养学生严谨的治学态度，提高其逻辑思维能力，使其具有扎实的理论功底，便于学生准确完整地理解和掌握高职院校思想政治教育教学的基本理论内容。

但是，单纯运用原理阐述的讲授方法，注重的是运用抽象思维方法对概念进行界定和对原理进行论证，容易导致在思想政治教育教学中片面强调讲授内容的理论性、逻辑性、系统性，使教学内容远离现实生活，脱离实际运用，也使学生感到抽象和枯燥，难以引起学生的兴趣和思想共鸣，甚至导致教学目标的偏离。这不仅脱离了学生的思想实际，而且偏离了思想政治教育教学大纲的要求，违背了对马克思主义的学习"要精，要管用"的和实事求是的原则，因此有必要将原理阐述与案例形象具体相结合。

所谓案例形象具体的教学方式，就是通过选择具有典型性、代表性的具体实例，借助形象思维，帮助学生认识和理解某一基本原理或思想观点的教学方法。形象思维是通过生动具体的感性形象和观念形象，借助联想、类比、想象等方法，对形象信息进行加工处理，以认识和反映客观事物的思维方法。形象思维具有直观性、具体性、生动性、整体性和相似性的特点，能将具体事物的形象活灵活现地展现在人的脑海中，使人产生身临其境的感觉，能直接形成对事物整体形象的认知。形象思维大多以事物与事物、现象与现象之间的相似性为基础，展开联想、类比、想象，通过个别事物的形象，认识同类事物的共性特征，还能给人以美的享受，具有艺术感染力。运用案例从感性材料入手进行生动形象的讲述，有助于概念、原理和观点等抽象理论的阐发、说明和理解。采用案例形象具体的教学方式，能促使思想政治教育教学更多地关注现实社会和生活实际，避免脱离实际的本本主义；能加强师生间的双向交流，有针对性地解决学生的思想问题，教学形式灵活，便于学生参与；避免了传统的单向式的，有的甚至是照本宣科式的教学方法。

（四）以理服人与以情感人相结合的特点

"以理服人"是指以理性的态度，使用概念、判断、推理等逻辑的思维方法和辩证的思维方法表达思想观点或意愿态度。"以情感人"是指在表达思想观点或意愿态度时，要投入真情实感，与教育对象之间要有情感交流，使情与理自然地结合起来。从理智和情感二者的特性和作用看，理智具有控制情感、主导思维活动的作用。人的思维活动包含理性思维和非理性思维两种，理智属于理性思维范围，情感属于非理性思维范围。从本质上说，人是理性的动物，是有理智、有情感的动物。

我们强调思想政治教育教学要采取"以理服人与以情感人相结合"，就是强调不要人为地割裂理智与情感的辩证关系，要遵循其协调合作的规律，自觉地进行调控，充分发挥理智和情感综合产生的积极效应。在思想政治教育教学中，要正确处理理智与情感的关系，教师首先应自觉地以理性和理智为主导。这不仅是因为理智本身对于人的重要性，而且是由思想政治教育教学内容的科学性、思想性、理论性所决定的。没有理智的主导作用，教师就不能理智地表达教学内容，就无法使学生对思想政治教育教学内容有系统、深层的理解和把握，也无法使学生自觉地运用和坚持马克思主义，自觉地辨别和抵制各种错误思想的冲击。

以理性思维为主导，并不意味着人的非理性思维和人的情感无足轻重。丰富的情感和高尚的情操是一个人综合素质的表现，因此对大学生进行情感教育是素质教育也是思想品德教育的重要内容。在思想政治教育教学中强调情感投入，就是要充分发挥思想政治教育教学在情感教育中的作用。教师的情感投入实际上也是情感教育法的具体运用，它体现了多种形式的情感教育方式。情感教育是指通过创设各种情境，调动人的情感，使教育对象从中受到感染和熏陶的方法，它包括"以情动人""以情启情""以境育情"等多种形式。在思想政治教育教学中，教师若不投之以"情"，不仅无法调动和培养学生的情感，不能与学生进行必要的情感交流，而且不可能达到"以情动人""以情启情""以境育情"的教育效果。

但就高职院校思想政治教育教学应起的作用来讲，至少应注意发挥理性的力量和情感的力量，把"以理服人"与"以情感人"结合起来。这种结合要求思想政治教育教学既要充分发挥马克思主义作为科学的理论体系本身所具有的说服力，也要充分运用各种教学手段和表达方式增强其说服力；既要发挥教师对马克思主义的坚定信念和真实情感的人格感染力，也要发挥教师对受教育者真诚关爱和循循善诱的教育感染力。在思想政治教育教学中，采取理智表达与情感投入相结合的教学方法，就是为了发挥这种说服力和感染力，是具体实施"以理服人"与"以情感人"的结合。"理智表达"有利于讲清科学理论的真理性、价值性，展现科学理论的逻辑性、严谨性等特点，使其对人们理性思维和认知能力的引导提升作用充分发挥出来。而"情感投入"则有利于使受教育者在声情并茂、生动活泼、情趣盎然的情境中理解抽象、高深的理论，增强对科学理论真理性和价值性的认同感、信服力。俗话说"情到理方至，情阻理难通"，就是这个道理。总之，把理智表达与情感投入结合起来，能进一步促进大学生按照"知、情、信、意、行"的变化规律，形成马克思主义的世界观和方法论。

三、高职院校思想政治教育的具体教学方法

关于高职院校思想政治教育的教学方法，无论是学术界还是思想政治教育理论课教学工作者对思想政治教育教学的具体方法的研究和探索都比较多。有的学者提出了高职院校思想政治教育教学方法的哲学方法、一般方法、心理学方法、具体方法和应用方法等。有的学者总结了目前高职院校思想政治教育教学通常采用的讲授、讨论、案例、多媒体和社会实践等五种教学方法。任何一种教学方法，不管多么正确合理，如果长期不变，其效益也会递减，因此对公共教育教学方法提出了创新的新方法：案例教学法、问题教学法、背景透视教学法、参与式教学法、辩论式教学法、课内课外教学活动相结合教学法和师生对话研讨式教学法。

中共中央宣传部、国务院教育部在《关于进一步加强和改进大学生思想政治教育的意见》中特别指出：要切实改进高等学校思想政治教育教学的方式和方法，要充分发挥教师的主导作用和学生学习的主体作用。教学方式和方法要努力贴近学生实际，符合教育教学规律和学生的学习特点，提倡启发式、参与式、研究式教学。要研究分析社会热点，要多用通俗易懂的语言、生动鲜活的事例、新颖活泼的形式，活跃教学气氛，启发学生思考，增强教学效果。要精心设计和组织教学活动，认真探索专题讲授、案例教学等多种教学方法，大力推进多媒体和网络技术的广泛应用，实现教学手段现代化。要加强实践教学。高职院校思想政治教育所有课程都要加强实践环节，把实践教学与社会调查、志愿服务、公益活动、专业课实习等结合起来。通过形式多样的实践教学活动，提高学生思想政治素质和观察分析社会现象的能力，深化教育教学的效果。要改进和完善考试方法，采取多种方式，综合考核学生对所学内容的理解和实际表现，力求全面、客观地反映大学生的马克思主义理论素养和道德品质。这里笔者仅仅从高职院校思想政治教育教学的具体方法上，探讨高职院校思想政治教育教学方法体系的主要内容。

（一）课堂讲授法

课堂讲授法是古今中外教学活动中最常用的教学方法，也是高职院校思想政治教育教学最基本的教学方法。课堂讲授法是教师运用语言向学生系统而连贯地传授科学文化知识

的方法，又称口述法、系统讲授法等，是课堂教学中最常用的、最基本的教学方法。根据教学内容及其讲授方式的不同，讲授法可以分为讲述、讲解、讲读、讲演等方式。讲述是指教师用口头语言描述知识背景，叙述事实材料，适用于各种学科；讲解是指为帮助学生了解背景知识、理解知识本质、掌握知识特征而对知识的说明、解释、分析或论证；讲读是指进行语言教学和文章分析的方法，适合于自学能力与研究能力较差的学生；讲演适合于传授最新的学科发展知识，适合于抽象程度高、内容复杂的知识。

"讲授"在《现代汉语词典》中的解释是"讲解传授"。讲解和传授都离不开教师，是教师讲解、教师传授的方法。讲授的全过程是指大家跟着一位解说员朗读课文。从这些可以看出，讲授是在教师的领导下，通过语言传递和学习知识的。1988 年出版的《教育百科词典》对讲授法的定义是：学校教学中广泛应用的一种教学方法，是指教师用学生能接受的简明的语言，系统地讲述教材、传授知识的方法。它是讲述、讲解、讲读和讲演教学方法的总称。

课堂讲授法最早可以追溯到雅典学院的兴起和柏拉图的学园，是古今中外教学活动中最常用的教学方法。在信息化高度发达的今天，课堂讲授法仍然是课堂教学中使用得最频繁、最普遍的教学方法。课堂讲授法之所以能够拥有这样旺盛的生命力，从古代一直延续至今，是因为讲授法具备其他教学法所不具备的独特优势，其主要体现在如下几个方面。

第一，传授知识容量大。课堂讲授法可以有计划、有目的地借助各种教学手段在较短的时间内传授给学生较多的知识信息，教学效率相对较高。

第二，教学成本低。课堂讲授法主要靠教师对学生的口语相传，基本不受教学条件的限制，省时、省力，教学成本较低。

第三，有利于教师对课堂的掌控。在课堂讲授法中，教师是课堂的主导，教师合乎逻辑的分析、论证，生动形象的描绘，有利于发展学生的智力和对学生进行思想教育，能充分发挥教师的主导作用。

第四，系统性强。教师通过系统地讲授知识，有利于解决大多数学生面临的疑难问题，还可以通过增加或删减其中的某些内容，以适应教材或学生的变化。

第五，适用范围极其广泛。不管是在现代化信息技术高度发达的城市学校，还是在偏远落后的山区学校，教师都可以利用现有的条件进行较为有效地讲授。课堂讲授法不受学科、年级的限制，适用于各层次、各年级、各学科的教学中。其他各种教学方法实际上都是在讲授法的基础上，或围绕讲授法结合进行的，并由讲授法居主导地位。例如，演示法必须伴有讲授法；实验法必须在教师讲授的指导下进行；体验式的学习也需要有教师讲授和解说等。因此，课堂讲授法是教师运用教学方法的基本功，也是提高课堂教学质量的重要手段。

当然，课堂讲授法也存在着许多缺点和不足，其主要体现在以下三个方面。

第一，不利于发挥学生的主动性。由于在讲授法教学中，教师占主导地位，教师对课堂有极强的控制力，学生很容易处于被动的地位。所以，教师与学生、学生与教材、学生与学生之间的交流极少，不利于发挥学生学习的积极性和主动性。

第二，不利于学生的个性发展。由于教师运用讲授法教学，面向全体学生，较难照顾学生的个别差异。所以，不利于学生的个性发展。

第三，操作不当容易走向"注入式教学"的误区。讲授法和注入式教学有共同的地方，即教学过程都是教师讲、学生听。如果教师没能很好地把握讲授技巧，很容易造成机械性地讲授，久而久之，导致学生丧失学习的主动性，依赖于教师传授，最后，走入注入式教学的误区。

（二）启发式教学法

启发式教学法是教师根据教学要求和学生的实际，灵活运用各种教学原则，充分调动学生的学习积极性，启发学生积极思考，提倡学生自己动脑、动口、动手获取知识，引导学生分析问题和解答问题，使学生既能理解知识又能开发智力的一种教学方法。启发式教学法是调动学生学习主动性，激发其学习潜能，培养其独立思考和研究能力的教学方法。

启发式教学法自古以来就受到教育家的提倡和重视。孔子在进行启发式教学时采取的是"不愤不启，不悱不发。举一隅不以三隅反，则不复也"的方法，其意思是说，不到学生对思考的问题想懂而又未弄懂、想说而又说不清的时候，不去启发他。对不能举一反三的学生，不再重复教他。说明孔子强调教师要在时机成熟时对学生进行恰当的启发。他还要求学生能在教师的启发下做到"举一反三""闻一知十""温故知新"；要求教师能在教育学生时做到循循善诱、诲人不倦、因材施教、以身作则。这些传统经验都值得思想政治教育教师运用和发扬。

启发式教学法符合学校教学的目的要求和学生学习活动的规律。学校教学的目的是通过教师的"传道、授业、解惑"，提高学生终身自我教育的能力，要求教师应"授人以渔"，而不只是"授人以鱼"。而启发式教学法，更能促进学生消化所学知识并使之向能力转化。能否激发出学生的学习潜能，培养学生独立自主思考问题的能力，调动学生参与研讨、交流思想的积极主动性，是实施启发式教学法的关键。

在思想政治教育教学中，许多教师都很重视对学生进行启发引导，对一些较为抽象的理论，往往采取由浅入深、环环相扣、层层深入的讲授方式，以便学生理解和接受。这种教学方式是由具体事例引出抽象原理和普遍真理，使学生的思想认识由浅入深、逐步深入，因此能产生较大的启发作用和教育意义。

启发式教学法要求教师有扎实的理论功底、深厚的知识底蕴，对现实社会和大学生思想特点有一定程度的了解和研究，有引导学生思维和驾驭课堂讨论的能力，有敏锐的感悟力、洞察力和较强的说服力，能与学生平等交流、坦诚相待。在实施启发式教学法的过程中，要明确教学目的和要求，教学形式要和课程内容紧密统一，注意学生与环境的和谐互动，激发学生的求知欲；充分认识学生主体的不完备性，充分做好课前准备，及时总结经验。在问题的引导下要灵活运用各种教学原则，使用分析与综合、演绎与归纳的方法进行启发。常采取的方法有直接启发、反面启发、观察启发、情境启发、判断启发、对比启发、扩散启发等。

启发式教学法的对立面是注入式教学法。要提倡启发式教学法，废止注入式教学法。教师如果经常采用注入式教学法，学生必然要采取死记硬背的方法，从而导致学生缺乏主动性、独立性、创造性，就很难培养出一批勇于思考、勇于探索、勇于创新的人才。教学中的具体方法有很多，但不论采用什么方法，都必须坚持以启发式教学法为主的指导思想。

（三）参与式教学法

参与式教学法最初是英国的社会学理论，其目的是吸引受国际援助的当地人最大限度地参与到援助项目中，使国际援助获得成功。后来被引进教学领域，形成现在比较盛行的一种新型的教学法，它对于充分调动学习者的积极性，培养学习者的创新精神起着重要作用。

参与式教学法是指在明确教学目标的前提下，以教师为主导、学生为主体，采用灵活多样的教学手段，运用一定的科学方法，鼓励学生积极主动地、创造性地参与教学过程，充分发挥教师"教"和学生"学"两个主体的作用，达到"认知共振、思维同步、情感共鸣"，师生在互动过程中顺利完成教学任务，实现教学目标的一种教学方法，它是一种合作式或协作式的教学法。

参与式教学法的核心理念主要有以下三个。

一是突出学生学习的主体地位。参与式教学法强调学生要通过各种途径参与到教学活动中来，发挥学生学习的主体地位，实现"教"与"学"的互动，突出"学"的中心地位。体现了师生在"教"与"学"之间相互参与、相互激励、相互协调、相互促进的和谐关系，为学生内在潜力和创造力的激发提供了前提条件。

二是强调体验是最有效的学习手段。参与式教学法就是强调学生要亲自参与教学活动，而不能满足于作为一个"看客"或"听客"，在参与中通过自身体验尽快增长知识，提高能力和素质。

三是以学生的能力培养为核心。在参与式教学法中，更侧重于知识的运用和学生能力的培养，而不仅仅是学生的知识增量。学生不再是被动接受知识的容器，而是知识的主动探索者。在参与过程中，学生收集资料与分析资料的能力、逻辑思维能力、写作能力、口头表达能力、独立思考能力等都将得到锻炼与提高。

参与式教学法具有传统教学法无法比较的优越性和特点，主要体现在以下几个方面。

一是主体参与性。注重发挥学生的主体作用，让学生积极参与到教学中。传统教学法中，学生处于被动接受教育的地位，课堂上学生的主观能动性难以发挥；而参与式教学法，学生处于主动参与的地位。

二是师生的互动性。通过师生互动，学生得到多方面的满足，教师的创造才能和主导作用得到充分发挥。传统教学方法中教师唱独角戏的形式在参与式教学法中得到改变。

三是民主性。民主最直接的体现是在课堂实施中学生能够平等地参与。教师与学生之间的交流是平等的，教师尊重学生独特的认识和感受。

四是合作性。参与式教学法提倡分组活动的形式。这种形式为教师与学生、学生与学生之间提供了更多的合作机会，智慧经验在合作中得到共享。

五是开放性。开放的教学环境，使学生的思维活跃，能充分发挥学生的想象力和创造力，对开拓学生的视野很有帮助。

六是激励性。参与式教学法注重发挥学生的潜力。没有失败，只有不断地探究。对学生的回答，不论答案如何，都要给予充分肯定，这种无标准答案的回答，大大激发了学生的学习热情。

七是发展性。参与式教学法期待每一个学生的发展，只要学生努力探究，在他人的帮助下进步了，在学习中获得了自信的体验，她（他）就获得了发展。

八是反思性。参与式教学法的最高境界在于反思，在于顿悟，在于通过不断发现自身以外的知识世界构建新的经验体系。这种反思既有学生的反思也有教师的反思，他们在思考中开发智力、挖掘潜能、积累知识、增长才干。

在高职院校思想政治教育中实施参与式教学法，通常使用的方法有分组讨论、主题讲演、案例分析、双向提问、观看录像带、创设情境、角色扮演、座谈、设问、小组社会实践调查、课堂诗词朗诵等教学模式。

思想政治教育教师实施参与式教学法，要注意处理好以下几个问题。

一是教师"主导"地位与学生"主体"地位的关系问题。参与式教学过程中，教师应处于"主导"地位，学生应处于"主体"地位。

二是形式与效果的关系问题。参与式教学，要避免纯粹为了课堂热闹、学生高兴而盲目采取某些形式；也要避免虎头蛇尾，任务布置具体详细，完成之后草草收尾，要找好教学形式与教学内容的结合点。

三是要做好合理的设计。参与式教学法通过合理、多样化的教学活动，不断激发大学生学习过程中的主动性和积极性，使大学生顺利产生符合教学需要的内在动机，强化学生的内在激励。

（四）探究式教学法

探究就是指探讨和研究。探讨即探讨问题的本源、寻求学问的真理；研究即通过对问题进行研讨，寻求问题的答案，解决疑问。《辞海》中将探究解释为"深入探讨和反复研究"。《汉语大词典》中，将探究解释为"探索研究"。美国《国家科学教育标准》中对"探究"一词的定义为："探究是多层面的活动，包括观察、提出问题；通过浏览书籍和其他信息资源发现什么是已经知道的结论；制定调查研究计划，根据实验证据对已有的结论做出评价；用工具收集、分析、解释数据；提出解答、解释和预测；以及交流结果。探究要求确定假设，进行批判和逻辑的思考，并且考虑其他替代的解释。"由以上解释可以看出，探究就是发现问题、探讨问题、研究问题、解决问题。

　　所谓探究式教学法，就是以探究为主的教学，又叫"研究式教学"。这种以探究为主的教学，是在教师指导下学生对于知识的自我探究。"探究式教学"一词是在 20 世纪 50 年代由美国芝加哥大学的施瓦布教授在"教育现代化运动"中首次提出的。施瓦布认为，学习科学"不在于占有信息，而在于拥有探究能力"，这需要强调学生的主体性地位，给予学生足够的自由。"如果要让一个学生一直保持对变化的科学的兴趣，那他需要发展自主学习的能力和兴趣。"探究教学法的内涵就是指"教学过程是在教师的启发诱导下，以学生独立自主学习和合作讨论为前提，以现行教材为基本探究内容，以学生周围生活实际为背景和参照对象，为学生提供充分自由表达、质疑、探究、讨论问题的机会，让学生通过个人、小组、集体等各种解难释疑尝试活动，将自己所学知识应用于解决实际问题的一种教学形式"。

　　高职院校思想政治教育探究式教学法，就是使学生在教师的引导下通过自己的探究成为有知识、有智慧、有能力、有素质、有社会责任感的人。因此，思想政治教育教学探究式教学法除具有可操作性、简约性、针对性及整体性等教学模式的一般特征外，更具有以下特征。

　　第一，探究式教学法的问题性。探究式教学法是以问题为导向的教学。问题是探究的基础和前提，探究是解决问题的手段和必经过程。因此，发现问题是起点，解决问题是终点；没有问题，也就没有探究式教学法。授之以鱼，不如授之以渔。学生在发现问题、解决问题的过程中，通过调查、收集、制作、观察等方法得出结论，学生学到了问题解决过程的要点和方法，不断获得新的顿悟和理解。这对学生终身受用，同时这也是培养创新人才的本质目的所在。

　　第二，探究式教学法的自主性。自主性是探究式教学法的主要标志。学生在教师的指导下，根据自己的学习和社会生活自主地选择合作伙伴，自由选择如何搜集查询资料，如何通过自己的研究方法和研究过程获取知识，得到自己想要的结果。

　　第三，探究式教学法的平等性。探究式教学法是提出问题的过程，是解决问题的过程，是科学探索的过程。因此，探究式教学法需要强烈的科学精神和平等意识。

　　高职院校思想政治教育探究式教学模式的基本思路是：遵循学生的认知规律，以素质教育思想为指导，教师因势利导为条件，学生主动参与为前提，自主学习为途径，合作讨论为形式，培养创新精神和实践能力为重点，构建教师指导、学生学的教学活动程序。现阶段对探究式教学模式概括为"三段五步"，即将整个探究式教学过程分成了三个大的阶段：设疑、质疑、释疑；对不同的教学内容，应采用具体的适应实际环境的探究式教学法，但基本可将具体步骤概括为以下五步：创设问题情境，提出问题，主动探究，生生、师生合作解疑，反思。首先，由教师创设问题情境，然后提供开放的环境让师生共同探讨，提出问题，围绕问题，在教师的指导帮助下由学生进行自主探究，在探究中产生的疑问由师生合作解答，最后进行反思总结。高职院校思想政治教育探究式教学模式需要通过具体的教学实施策略来体现。有效地实施探究式教学法需要教师审慎地处理好四个方面的工作，即确立探究主题、提出探究问题、引导探究过程和评价探究活动。而要做好探究式教学法的这几项工作，教师就需要讲究一定的策略。

（五）专题式教学法

专题式教学法是指教师改变按章、按节进行授课的习惯，立足于实际，从学生的思想实际和社会的现实问题出发，提炼和确立教学专题进行讲授。这种方法融多种功用于一体，即系统传授马克思主义理论与思想政治理论，透析社会热点、难点问题，介绍前沿成果，传播社会信息，弘扬社会主义主旋律，帮助学生答疑解惑并引发其深入思考，从而提高学生理解、认识、分析问题的能力。它能够较好地协调马克思主义理论体系与"公共教育"教材结构之间的关系，既有对学生进行理论灌输的强制性，又使这种强制性在一种潜移默化中进行。这一方法以社会实际、学生思想实际为切入点，紧紧把握时代脉搏，每一个专题都是现实的、活生生的、社会的一个侧面的浓缩。

专题式教学法的主要特点是"深""实""活"。"深"即要求教师专题讲授内容所涉及的知识领域要广，理论层次要深，传输给学生的理论信息要深入。"实"就是教师在结合社会实际、学生思想实际、教材结构实际的基础上进行选题，以帮助学生解决思想上急需解决的问题和提高教学效果为宗旨。"活"即一方面指教师选题一定要动态地适时调整，保证选题的新颖；另一方面指教师课堂教学组织方式比较灵活多样，目的是达到专题式教学的预想效果。

专题式教学法的优点是：问题集中，重点突出，抓住学生中存在的热点、难点问题进行深入和透彻的分析；围绕一个主题在理论与实践两方面扩展，知识量、信息量大，感染力强；改变照本宣科的讲授方式，课堂气氛活跃。

在运用专题式教学法的过程中应做到以下几点。

在教学内容的组织方面，专题式教学法应改变常规教学中按章、节讲授教材的传统，要求教师在课堂教学中，以思想政治教育理论课课程的学科体系和任务目标为基础，围绕我国社会主义现代化建设中政治、经济、文化和社会生活的重大问题设置专题，结合学生关注的焦点和他们的思想动态进行科学的、系统的、具有说服力的讲述。

在教师的组织方面，应改变过去某门课程由一位教师一讲到底的教学惯例。例如，成立教学小组，分别由在各个专题涉及的领域方面有学术专长的教师轮流教学，既能照顾和发挥各专题教师的专业特长，又可通过合理分工、相互协作，形成一种集体智慧的综合优势，使学生受到不同学术背景和思维方式的训练和熏陶。

在教学组织形式方面，坚持以课堂讲授为主，辅之以社会实践、课堂讨论、演讲比赛、辩论赛、多媒体教学等多种教学活动形式。

在专题的选材方面，可以由各教研室组织牵头，在开课前对学生进行调查，摸清他们的思想动态、关注的社会热点，了解他们对课程教学的要求和建议。调查形式除了问卷、座谈等外，还要重视借助网络信息，因为网络已成为快速、准确地掌握学生思想与社会热点的晴雨表。在调查的基础上，根据课程教学内容的要求，通过整理、归类、筛选、提炼等工作，确立和设置教学专题。专题的设置，既要力求涵盖课程的基本内容，注意各专题的内在逻辑，又要反映学生与社会的实际，具有针对性。安排负责各专题教学的教师，成立教学组，并制定教学计划，明确各专题的教学目标、教学课时和教学地点等。各专题教师进行集体和单独备课，具体包括列出各专题的教学重点、难点、疑点和热点，并将其问题化；收集整理教学资料尤其是各种典型案例，以及制作多媒体课件等。

（六）案例教学法

所谓案例教学法，又称情景教学法、情景仿真法。案例教学法是为了达到一定的教学目的，学生在教师的引导下围绕着教师所提供的案例进行阅读、分析、评判和讨论，得出结论或解决问题的方案，深化对相关原理的认知和对科学知识的系统掌握，进而归纳并领悟出一个适合个人特点的有效的思维路线和思维逻辑，获得处理新问题和解决新矛盾的有针对性的综合技巧的一种教学方法。案例教学法最早发源于古希腊哲学家苏格拉底的"问答式"教学；作为一种现代教学方法，它起源于哈佛大学法学院，1871年哈佛法学院院长克里斯托弗·哥伦布·朗德尔最早使用于哈佛大学的法学教育中。案例教学法鲜活性、启迪性、针对性、直接实践性的鲜明特点，使其在法学、管理学、部门经济学等教学中被广泛应用。20世纪80年代，案例教学法被引入我国，逐渐在我国经济管理类、法学类、医学类，以及其他许多应用学科的教学中被广泛应用，并取得了突出的成效。随之开始在我国思想政治理论课程教学中推广。

案例教学法具备其他教学法所不具备的独特特点，主要包括以下几点。

第一，明确的目的性。通过一个或几个独特而又具有代表性的典型事件，学生在案例的阅读、思考、分析、讨论中，建立起一套适合自己的完整而又严密的逻辑思维方法和思考问题的方式，以提高分析问题、解决问题的能力，进而提高素质。

第二，客观真实性。案例所描述的事件基本上都是真实的，不加入编写者的评论和分析。案例的真实性决定了案例教学法的真实性，学生可以根据自己所学的知识，得出自己的结论。

第三，较强的综合性。原因有二：一是案例较之一般的举例内涵丰富，二是案例的分析、解决过程也较为复杂。学生不仅需要具备基本的理论知识，而且需要具有审时度势、权衡应变、果断决策的能力。

第四，深刻的启发性。案例教学法不存在绝对正确的答案，目的在于启发学生独立自主地思考、探索，注重培养学生独立思考的能力，启发学生建立一套分析、解决问题的思维方式。

第五，突出实践性。学生在校园内就能接触并学习到大量的社会实际问题，实现从理论到实践的转化。

高职院校思想政治教育教学中采用案例教学法，能促使思想政治教育教学更多地关注现实社会和生活实际，避免脱离实际的本本主义；能加强师生间的双向交流，有针对性地解决学生的思想问题；教学形式灵活，便于学生参与，避免了那种传统的单向式的、甚至是照本宣科式的教学模式。

高职院校思想政治教育案例教学的操作模式是一个具有内在逻辑的理论体系，包括教学内容的提炼、教学案例的选编、思考讨论题的设计、教学案例的呈现、课堂讨论的组织、点评和总结、案例分析报告的撰写、课后教学反思等层层递进、环环相扣的一系列教学环节。由于思想政治教育课程性质的特性，在具体运用和组织实施案例教学法的过程中，操作模式也应当多样化。既可以从阐述原理开始，在原理阐述过程中，通过分析具体实例对原理加以论证说明，引导学生学以致用；也可以从列举具体实例出发，经过引导学生分析案例，启发学生思考，把接下来所要讲授的内容引出来，推导出要阐明的理论原理。教无定法，不同课程门类和章节内容、不同授课阶段可采用不同的操作方式，由任课老师根据教学主题灵活掌握。过分追求操作模式的规范性和程序化，只能是事倍功半。

（七）实践教学法

在高职院校思想政治教育教学中，实践教学法有不可替代的作用。教育部等部门颁布的《关于进一步加强高校实践育人工作的若干意见》（以下简称《意见》），系统阐明了高校实践育人工作的重要意义。《意见》指出，加强高职院校实践育人工作，是全面落实党的教育方针，把社会主义核心价值体系贯穿国民教育的全过程，深入实施素质教育，大力提高高等教育质量的必然要求。党和国家历来高度重视实践育人工作。坚持教育与生产劳动和社会实践相结合，是党的教育方针的重要内容。坚持理论学习、创新思维与社会实践相统一，坚持向实践学习、向人民群众学习，是大学生成长成才的必由之路。进一步加强高职院校实践育人工作，对不断增强学生服务国家、服务人民的社会责任感、勇于探索的创新精神、善于解决问题的实践能力，具有不可替代的重要作用；对坚定学生在中国共产党领导下，走中国特色社会主义道路，为实现中华民族伟大复兴而奋斗，自觉成为中国特色社会主义合格建设者和可靠接班人，具有极其重要的意义；对深化教育教学改革，提高人才培养质量，服务于加快转变经济发展方式，建设创新型国家和人力资源强国，具有重要而深远的意义。

在高职院校思想政治教育实践环节的教育教学中，实践教学、军事训练、社会实践活动是实践育人的三种主要形式。

第一，要强化实践教学环节。实践教学是学校教学工作的重要组成部分，是深化课堂教学的重要环节，是学生获取、掌握知识的重要途径。思想政治教育所有课程都要加强实践环节。教师要把实践育人纳入学校教学计划，系统设计实践育人教育教学体系，加强实践教学管理，提高实验、实习、实践和毕业设计（论文）的质量。确保实践育人工作全面开展。要深化实践教学方法改革，重点推行基于问题、基于项目、基于案例的教学方法和学习方法，加强综合性实践科目的设计和应用，加强大学生创新创业教育。

第二，要认真组织军事训练。通过开展军事训练和国际形势教育、国防教育，使学生掌握基本军事技能和军事理论，增强国防观念、国家安全意识，弘扬爱国主义、集体主义和革命英雄主义精神，培养艰苦奋斗、吃苦耐劳的作风。

第三，要系统开展社会实践活动。社会实践活动是实践育人的有效载体。社会实践活动的形式主要有社会调查、生产劳动、志愿服务、公益活动、科技发明和勤工助学等。要倡导和支持学生参加生产劳动、志愿服务和公益活动，鼓励学生在完成学业的同时勤工助学，支持学生开展科技发明活动。要抓住重大活动、重大事件、重要节庆日等契机和暑假、寒假，紧紧围绕一个主题，集中一个时段，广泛开展特色鲜明的主题实践活动。

实践育人特别是实践教学依然是高职院校人才培养中的薄弱环节，与培养拔尖创新人才的要求还有差距。要切实改变重理论轻实践、重知识传授轻能力培养的观念，注重学思结合，注重知行统一，注重因材施教，以强化实践教学有关要求为重点，以创新实践育人方法、途径为基础，以加强实践育人基地建设为依托，以加大实践育人经费投入为保障，积极调动整合社会各方面资源，形成实践育人合力，着力构建长效机制，推动高职院校实践育人工作取得新成效，开创新局面。

高职院校思想政治教育理论课教师在运用实践教学法的过程中，一定要以正确的思想理论指导实践，不应盲目行事和搞形式主义。实践教学法的形式既要丰富多彩引人参与，又要因地制宜、讲求实效。例如，学校中常用的社会调查、公益活动、勤工俭学、咨询服务、教学实习等都是有效的实践教学法的方式。在实践教学法中使理论与实际相结合，使思想政治教育教学内容与社会实践有机结合。

（八）多媒体教学法

多媒体教学法是以多媒体计算机、多媒体制作软件、投影仪和音响为主体教学工具，在教学过程中通过教学设计，运用多媒体计算机处理文本、图形、动画、视频和音频等多种教学信息，把教学内容整合起来的一种现代化教学方法。运用现代科技手段于思想政治教育理论课教学中，是当前高职院校思想政治教育教学方式、方法改革的新途径，也是思想教育主动适应社会发展需要、迎接信息时代挑战的重要措施之一。

多媒体教学法具有其他教学法无法替代的优势和特点，主要包括以下几点。

第一，多媒体教学法利用多媒体影像客观真实的特点，拓展教学空间，丰富教学内容，扩大知识领域。多媒体教学法可以最大限度地调动尽可能多的有用的资源，利用视、听、读、写等功能补充大量教材中没有的资料信息，把最新的科研成果引入教学过程。

第二，多媒体教学法能调动和培养学生的学习兴趣。多媒体教学法利用课件直观的特点，使一些传统教学手段很难表达的教学内容或无法观察到的现象，通过计算机更形象、生动、直观地显示出来，从而加深学生对问题的理解，提高其学习积极性。

第三，多媒体教学法利用信息传递高效的特点，大大增加了课堂信息量，提高了课堂教学效率，更好地实现了德育知识和信息的即时同步。在网络时代，德育教学知识、资料信息与时代脉搏同步，从而能有效地克服教学内容、资料信息滞后的现象。

第四，多媒体教学法能增加师生交流的机会，有利于师生的互动及主体作用的发挥。把网络及多媒体技术直接引入德育课堂教学，建立德育教学过程的即时交互教学或网络化教学新模式，可以实现师生之间知识、资料和信息的双向交流与互动，从而有效地克服在以往德育教学过程中，以教师、课堂为中心的灌输式、简单说教式教学方法的弊端。它能通过网络拉近学生与社会现实的距离，使学生更好地关注社会，增强学生的社会责任感，提升学生解决实际问题的能力。

多媒体教学法和网络教学形式的出现，向传统的教学手段、教学方法提出了尖锐的挑战。教学方式的更新迫切需要教学观念的更新。现在，计算机技术被应用于教育课堂教学，对每一个教师都提出了新的要求。它要求教师不仅要掌握一定的计算机操作技术，而且必须更新教学观念，即必须改变过去传统的教学方式在头脑中造成的思维定式，以适应教学方式转变的要求。教学方式的更新也迫切要求教师素质的全面提高。计算机多媒体技术在教学中的应用，向广大"两课"教师提出了新的要求。它要求"两课"教师必须进一步提高自己的科学文化素质，尽快学会运用和掌握现代化的教学手段，了解、掌握计算机的操作技术和多媒体的特点，并在教学和科研中加以运用。

在运用多媒体进行教学时要注意适度，切不可使教室成为电影院，不可使课件成为影片，不能让学生成为观众，更不能让教师成为放映员。课件设计要根据教育对象的特点和教学内容制定，优质的课件应是内容与形式的完美统一，不能华而不实，哗众取宠。在内容的选择上要选取那些理论性强，用口述、板书难以表达清楚的内容；选取教学目标高，教材内容少，现实材料多的内容，注重课件的整体性、层次感和合理的规划。

（九）高职院校思想政治教育教学的心理学方法

高职院校思想政治教育教学的心理学方法是心理学理论和方法在思想政治教育教学中的运用。高职院校思想政治教育教学作为对大学生进行德育教育的教学活动，与大学生心理活动关系密切，自然也有应用心理学理论和方法的客观需求。

在高职院校思想政治教育教学活动中，教师与学生总是在进行着有意识或无意识的心理互动和思想交流，双方在心理互动和思想交流的过程中，自然会显现出已经存在的各种心理问题。由于思想政治教育教学对象是整个大学生群体，这是一个正处于身心发展重要时期的特殊群体，其心理正处于由不成熟逐步走向成熟的发展阶段。大学生心理发展尚未达到成熟和稳定，心理承受能力和调适能力还较弱，而其成才愿望又普遍强烈，自我定位往往偏高，当其面对现代社会不断增多的各种压力时，就很容易产生心理困惑和情绪困扰，甚至产生心理障碍。因此，在现代社会，大学生的心理问题日益突显。同时，作为高职院校思想政治教育教学任务的承担者，教师的思想观念、心理特征、情感情绪、知识能力，以及人格品质也都会在思想政治教育教学中比较直接地表现出来，并且会直接影响到高职院校思想政治教育教学的效果和学生的学习情况。因此，在高职院校思想政治教育教学中运用心理学的方法，就显得更为重要，更有价值。

在高职院校思想政治教育教学中，学生表现得比较突出的心理问题主要有以下两种：一是厌学心理，二是逆反心理。

教师所表现出的比较有代表性的心理问题，主要体现在以下两方面：一是在教学方面存在重知识传授，轻品德培养的心理；二是在科研方面存在重学术价值，轻教育价值的心理。

要解决教师和学生的心理误区，需要遵从心理活动规律，提高他们对思想政治教育重要性的认识，采取丰富多彩的教学手段，充分调动师生双方对"两课"教学的注意力，增强"两课"教学效果。

第二节 高职院校思想政治教育的方法创新

方法创新是实现高职院校思想政治教育目标的必要条件，更是影响思想政治教育效果的重要因素。在全球化时代，知识爆炸，信息网络技术高度发达，无论是知识的获得路径，还是人们的行为方式和生活方式都越来越趋向多样化。这样的时代条件，客观上要求高职院校思想政治教育方式方法必须实现从单向灌输型向双向交流型转变，从显性型向显性与隐性结合型转变，从单一型向综合型转变，利用信息网络等新技术，实现高职院校思想政治教育方式方法的现代化、多样化。

一、方法创新的内涵

方法是主体把握客体的手段、方式与途径的总和，是主、客体相关联、相结合、相统一的中介条件。方法是由目的、主体能力、客体形式、工具等因素共同组成的结构，这种结构决定了人的活动方式，即方法样式。方法与理论同属主观认识范畴，都是对客观事物的反映。但二者的认识对象有所不同。理论是对客观事物及其规律的认识，客观事物是理论的客观原型；而方法必须以客体的规律为依据，但又不同于对规律反映的理论，而是客体规律与主体因素的统一，是主体为更有效地把握客体而创造出来的规则、手段。也就是说，一方面，方法并不是任意的、主观性的东西，必须以客观规律为依据；另一方面，它又是人主观创造的产物。方法帮助人实现自己的目的，人借助于方法及其工具接近或作用于客体，以使客体能够满足自己的各种需要。方法扩大了人生存与活动的范围，动物只能以有限的、不变的方式生存，而人总是能够通过方法、工具、技术革命，进入新的活动空间，体验新的生活方式。方法给人以多种选择，同一目标可以采用不同的途径实现，这使人可以权衡利弊，比较优劣，以多样化的方式从事自己的活动，显示自己的存在。

方法创新是属于以人的活动方式、程序为对象的创新，它直接创造的是新的方法，它所导致的活动结果的改变、活动对象的增值是派生的。人们往往注意既成的、物化的、易观察的创新，而没有充分重视方法的创新及其作用。实际上，很多的对象化创新都离不开方法创新，方法创新推动了对象化创新，因为方法创新选择了新的活动方式，开辟了新的活动途径，也就自然进入了新的活动区间，产生了新的活动结果。方法创新不像物化创新那样具有直观的、凝固的形态，而是一种操作性的、过程性的形态。因此，界定方法创新要在动态中把握，从方法使用与运行的过程中区别出其发生的变化；在结构中把握，从方法要素的改变引起的整个方法模式的转型；在样式中把握，从方法类型的整体转变判断方法的根本变革；在输出端把握，从方法的效果变化，由果溯因分析方法创新。例如黑格尔所说的"理性的技巧"，方法创新是人不断增强中介性活动的能量，利用新的工具性因素，放大自己的体力与突破自己的生理极限，提高自己的活动效率，扩大人的世界的范围。荀子说的"君子生非异也，善假于物也"，说的就是这一道理。

方法创新是人类文明进步的基石。正是依靠生产方法、生活方法和社会运行方法大大小小的不断创新，才形成了如此丰富、复杂、多样的现代文明世界。英国教育家阿弗烈·诺夫·怀特海指出："19世纪最大的发明就是找到了发明的方法。一种新方法进入人类生活中来了。如果要理解我们这个时代，有许多变化的细节，如铁路、电报、无线电、纺织机、综合染料等，都可以不必谈。我们的注意力必须集中在方法的本身。"由此可见，教育的创新也必须从方法入手，以实现教育主题的创新。

二、高职院校思想政治教育方法创新的原则

创新不是无源之水、无本之木。创新必须是建立在过去的经验和成果基础上的继承与发展。创新的过程，是对思想政治教育规律性进行认识和把握的过程，认识和把握思想政治教育规律又是对过去的经验和成果进行分析、总结的结果。也就是说，创新是思想政治教育的必然之路，但是创新不是随意的、盲目的，而是要根据思想政治教育环境、条件、对象的变化，遵循思想政治教育规律和原则的创新，是在建设中国特色社会主义前提下的创新。从宏观上说，一是坚持社会主义方向不动摇，二是坚持解放思想、实事求是、理论联系实际的原则。从微观上说，就是要体现"以人为本"，坚持主体性、实践性、前瞻性、激励性、疏导结合的原则。

（一）实事求是原则

实事求是是马克思列宁主义的精髓，是毛泽东思想的精髓，也是邓小平理论的精髓。关于"实事求是"的含义，毛泽东明确指出，"'实事'就是客观存在着的一切事物，'是'就是客观事物的内部联系，即规律性，'求'就是我们去研究"，"我们要从国内外、省内外、县内外、区内外的实际情况出发，从中引出其固有的而不是臆造的规律性，即找出周围事物的内部联系，作为我们行动的向导"。我们党依靠实事求是的思想路线，取得了革命和建设的伟大胜利。

邓小平理论强调实事求是，要求我们不仅要从实际出发，而且要在新形势下解放思想。解放思想则要求主体能够打破习惯势力和主观偏见的思想障碍。客观世界的内在发展规律要求主观与客观相符合、相一致。只有解放思想，才能达到实事求是；只有实事求是，才能不受主观偏见的束缚，才是真正的解放思想。

解放思想、实事求是、理论联系实际原则，要求教育者立足于客观存在的社会实际情况，立足于思想政治教育的实践情况，立足于教育对象的思想实际状况，研究、发现实际生活中的新情况、新问题，做到有的放矢，对症下药，增强思想政治教育的实效性，避免"假、大、空"式教育。应该说，多年来思想政治教育教学中虽然一直强调理论联系实际，但往往是在课堂上进行各种案例的堆积，只注重了学生对某些问题的认知和理解，而忽略了对学生逻辑思维的训练。思想政治教育教学只是知识的填充，而缺乏思想的启迪。我们强调理论联系实际，就是要让学生成为"联系"实际的主体，而老师是向导，引导学生尊重客观实际，学会辩证地分析问题、思考问题，形成独立的思想品质。

（二）以人为本原则

以人为本是思想政治教育方法创新的基本原则。尊重人、理解人、关心人是社会主义新型人际关系的重要表现和基本方法。

中共中央、国务院印发《关于进一步加强和改进大学生思想政治教育的意见》明确指出："以大学生全面发展为目标，解放思想、实事求是、与时俱进，坚持以人为本，贴近实际、贴近生活、贴近学生，努力提高思想政治教育的针对性、实效性和吸引力、感染力。"高职院校思想政治教育工作者在做思想政治教育工作时，要动之以情，让思想政治教育多一些人情味。这种人情味，绝不是不讲原则，放松管理，不再批评而一味迁就、迎合教育对象，也不是迁就不合理要求或容忍不守纪律的行为而对其放任自流。它要求在开展思想政治教育时要发扬民主精神、民主作风和坚持民主的方法，平等待人；尊重人们的人格和民主权利，让教育对象充分表达自己的思想观点和意见，在平等、宽松的氛围中做好教育工作。同时，在思想政治教育工作中要讲究真情互动，注重加强思想政治教育的艺术性、思想性、知识性、趣味性和娱乐性。在实施中淡化训诫成分，增强沟通交流；淡化单向灌输，增强双向互动；淡化权力意识，增强平等氛围，使思想政治教育收到实效。坚持以人为本的教育原则，具体来说就是要体现学生的主体性。

全球化时代，网络的崛起促使青年一代自我意识、民主意识以及成长意识快速发展，表现出理性、自信、自主、自觉的崭新精神风貌。他们在处理人与人之间的关系时，表现出一种与单向度的主客体关系不同的、更加重视主体人际关系的崭新态度和行为方式。也就是说，在教育者主动建构的教育情境中，教育者是主动施教的主体，受教育者是参与活动、接收信息的客体。而在受教育者主动建构的自我教育情境中，一方面，受教育者是主动学习的主体，教育者则是具有辅助、服务功能的客体；另一方面，受教育者还是自我教育的主体。于是，教育者和受教育者在具体的思想政治教育情境中实现互动，形成了具体而并非抽象的，运动而并非静止的主客体交替重叠、相互作用的运动过程。这一新型的思想政治教育主客体关系的形成正是大学生主体意识迅速发展和逐步成熟的结果。因此，网络环境下高职院校思想政治教育工作，必须确立主体性的教育理念和教育原则，顺应大学生主体性发展的趋势和特点，尊重并提升大学生的主体意识，在满足大学生成才需要、服务辅导大学生成长发展的过程中，实现思想政治教育的目标。具体应做好如下两方面的工作：

（1）加强调查研究，充分了解大学生作为受教育者在成长方面的各种需要，根据大学生使用网络目的的不同，以及接受网络影响状况的差异，做到在网络思想政治教育工作中抓住大学生思想和行为发展阶段中的主要矛盾，满足其成长、成才的需求，提高他们接受网络教育的能动性，从而实现对大学生思想发展的有效引导。教育者在工作中要尊重大学生的主体意识和参与热情，注重对高年级学生民主参与观念的引导，规范其民主参与的行为方式。在教育方法上，要积极发挥正面宣传教育阵地的桥梁和纽带作用，建立规范化的沟通渠道，并与现实中的沟通渠道密切结合。引导大学生树立良好的法治、民主观念，形成合理、有序的民主参与行为。

（2）充分调动大学生作为自我教育者的主体的能动作用，从而提高网络思想政治工作的实效性。网络条件下的青年一代在自我意识、民主意识以及成长意识等方面快速发展，表现出了理性、自信、自主和自觉等崭新的精神状态，因此我们要充分发挥大学生自我教育的作用，引导他们在网络环境下积极参与对理想信念问题、社会热点问题、大学生思想道德和心理人格成长等问题的讨论、探索；引导他们在网络交流马克思主义理论和时事政治的学习心得和体会；帮助大学生在发现问题、独立思考、交流与辩论，以及总结提高的过程中实现自我教育。

（三）循序渐进原则

循序渐进，就是按一定的顺序、步骤逐渐进步。也就是说，人们对客观事物的认识，是一个由简到繁，由低级到高级，由直观到抽象的循"序"过程，人们对任何事物都不可能一步就能做到对其本质的认识。人们思想认识的形成过程，往往也是从浅层次的心理感受层面，提升到思想体系和世界观层面的过程。

现代教学论认为，教学之所以要循序、系统、连贯地进行，是由于教学中传授和学习的科学知识本身具有内在的逻辑联系；学生认识活动也是由已知导向新知的顺序；学生的智力和学习能力的发展也是有顺序的。南宋理学家、教育家朱熹就曾说过，学习要"循序而渐进，熟读而精思"，"未得乎前，则不敢求其后；未通乎此，则不敢志乎彼"。捷克教育家J.A.夸美纽斯也强调："秩序是把一切事物教给一切人们的教学艺术的主导原则。"教学不相应地按照一定的顺序进行，就违反教学的客观规律。现代思想政治教育学认为，人的思想存在一种"自身免疫效应"，当与人自身固有的思想体系相区别的外界思想进入时，人自身的原有思想就会形成一个"防护层"，阻止外界思想的"侵入"。这种外界思想被人感知的程度越大，它所受到的抵触也就越强烈。因此，思想政治教育要解决人们的思想意识问题，转变人们的思想观念，就应该从浅层面生动、活跃的心理感受入手，逐步达到解决深层次思想体系方面的问题。这就要求高职院校思想政治教育工作不仅要渗透到学生的日常生活和学习中，而且要渗透到全体教职工的工作、生活和业务学习中；与各项具体的活动有机结合起来，把教育内容融入教育对象日常的工作管理、学习指导、生活帮助中；以服务于人的形式开展教育工作，形成日常化、经常化的思想政治教育，达到春风化雨、润物无声的教育目的和教育境界。

具体到高职院校思想政治教育来说，坚持由表及里、由浅入深和循序渐进的原则不仅体现在教育方法的创新，还涉及课程内容的设置，其核心问题就是要考虑到受教育者的心理承受能力和知识结构的接受能力。就教育方法的创新来说，作为教育者首先要考虑教育的意图、观点和理论在多长时间、多大范围、多深程度上能够被受教育者所接受，而不会引起他们心理上的紧张、恐慌、厌倦和对立情绪。这就需要教育者主动深入学生中，了解和掌握他们的心理需求及学习的实际情况，及时把握他们的思想脉搏和动向，围绕大学生的思想实际开展思想政治教育。把党和国家的路线、方针、政策的宣传教育与社会的发展，以及学生个体的发展和利益结合起来。教育者用潜移默化、循序渐进、寓教育于"无形"的方式，寓教育于活动中，寓教育于娱乐中，寓教育于其他管理工作的过程中。通过感情感染，动之以情，晓之以理，激起大学生心理层面的激荡，由情入理，在思想政治教育的高度解决问题。就课程内容的设置来说，坚持循序渐进的原则，就是既要考虑到受教育者的知识结构状况，又要考虑不同课程内容之间的逻辑关系。因为，每门课程自身的内容有一个内在逻辑结构，不同课程之间也有一个内在逻辑结构。例如，目前高职院校开设的思想政治理论课程有"马克思主义基本原理概论""毛泽东思想和中国特色社会主义理论体系概论""中国近现代史纲要""思想道德修养与法律基础""形势与政策"。就思想政治理论课程的内部结构来看，"马克思主义基本原理概论"课是对"世界是怎样的""如何认识和改造世界""未来世界如何"这三个紧密相连的内容的描述，全面解答了"什么是马克思主义"和"怎样坚持马克思主义"的问题，从整体上科学地把握了马克思主义的科学内容和精神实质，是了解和把握"毛泽东思想和中国特色社会主义理论体系概论"课所讲的马克思主义中国化的理论成果的理论基础；而"中国近现代史纲要"课主要通过展示近代以来一代又一代的中国人民在探索中国出路、寻求民族独立和人民解放，以及走向国家繁荣富强和人民共同富裕之路的历程；回答了中国人民为什么选择马克思主义、选择中国共产党、选择社会主义道路和选择改革开放等一系列问题，是了解和把握"毛泽东思想和中国特色社会主义理论体系概论"课所讲的马克思主义中国化的理论成果的实践基础。以这样的逻辑结构，就应该先开设"马克思主义基本原理概论"和"中国近现代史纲要"，再开设"毛泽东思想和中国特色社会主义理论体系概论"；而"思想道德修养与法律基础"与"形势与政策"从大学生入学就可以开设。这样，既符合历史的逻辑结构，也与大学生的知识结构相契合，学习才能事半功倍。如果课程安排顺序颠倒，不仅违背课程内容的内在逻辑，也不符合学生的知识结构。无论是学生学还是教师教都将事倍功半，很难达到预期效果。

（四）疏导结合原则

疏导结合原则是高职院校思想政治教育工作的一个重要原则，体现了思想政治教育工作"合目的性"和"合规律性"的统一。"疏"的要求是，从人们思想实际的发展趋势出发，以相信群众、依靠群众为出发点；采取百花齐放、百家争鸣的方针，放手让各种意见和观点充分表达出来，经过观察和研究，作出引导的决策。"导"的要求是教育主体在疏通的基础上对正确的意见和思想观点，旗帜鲜明地表示肯定和支持，促进其进一步发展；同时，对于错误的意见和思想观点，通过民主讨论、说服教育、批评与自我批评的方法，以理服人，化消极因素为积极因素。

疏通与引导的关系是密切联系、不可分割的关系。因此，疏通是解决问题的前提，是引导的必要准备；引导是疏通的必然继续，是疏通的目的所在。如果不遵循疏导结合的原则，错误的思想观点得不到纠正，正确的思想观点得不到支持和鼓励，势必影响思想政治教育的效果。因此，在思想政治教育实践中，必须又"疏"又"导"，"疏""导"结合。只"疏"不"导"，就会失去正确的方向；只"导"不"疏"，就会没有引导的根据，没有引导的条件，使引导成为空谈，从而失去思想政治教育的意义。在思想政治教育的过程中坚持疏导结合的原则，就要求我们全面掌握疏导的内涵，发扬民主，广开言路，创造畅所欲言的气氛；坚持平等的原则，教育者和受教育者互相尊重，互相理解，在尽可能和谐的交流氛围中进行教育；不迁就错误的意见，不放弃批评和自我批评的武器，以实现思想教育的目的。

疏导结合原则的落实主要有两种方法：一是先"疏"后"导"，二是既"疏"又"导"。先"疏"后"导"的方法主要用来发现问题，释放现实生活中的问题和矛盾所形成的张力。特别是在网络时代，大学生往往把他们在现实中受到抑制或是无处发泄的心理情绪宣泄在网络上。因此，基于情绪化表达的非理性言论往往是校园论坛的显著特征。在校园论坛上，经常可以见到许多偏激的观点、强烈的情绪发泄，以及相互争吵。这些情绪化的表达是一种有助于缓解紧张感、压力感的自我心理"释放"。可以说，网络成了现实冲突和思想问题集中展现的平台，也是解决这些矛盾和问题的重要场所。对此，思想政治教育工作者必须坚持疏导结合原则，通过充分讨论、说服教育、正面引导相结合的方式解决大学生的思想认识问题。在突发事件发生之后，校园论坛上往往会出现大量的言论，随着意见的扩散也会形成一定规模的舆论。在这个时期，多样的意见和观点、复杂的思想和心理状况、模糊的发展形势是网络舆论形成初期的主要特征。面对这种情况，思想政治教育工作者不能堵塞和压制言论，采取"捂盖子、掩盖问题"的做法，因为这样往往会压制了大学生表达思想的自由，从而激化矛盾。实际上，任何堵塞和压制言论的做法不仅不能奏效，反而会引起学生的严重反感，导致德育环境进一步恶化。因此，要采取疏导结合的方法，尊重学生的主体意识与参与热情，让各种意见和观点得以表达。在大学生的意见得以充分表达，思想观点得以真实展现的过程中，教育者要耐心观察、认真研究，密切观察在事件发展过程中学生思想发展的动态；发现事件背后存在的深层次矛盾，抓住主要思想症结，展开有针对性的德育教育，促使大学生思想和行为沿着正确的方向发展。

（五）言传身教原则

所谓"言传"，就是摆事实，讲道理，以情感人，以理服人；所谓"身教"，就是身先士卒，以身示范，以行感人，以德服人。

实施思想政治教育，必须坚持言教、身教并举，身教重于言教的原则。这是做好新时期思想政治工作的根本，也是加强和改进思想政治工作的保证。叶圣陶先生曾经说过："身教最为贵，知行不可分。"思想政治教育要真正说服人，一靠真理的力量，二靠人格的力量。所谓真理的力量，就是教育者讲的内容必须合乎实际，反映事物的本质和进步趋势；所谓人格的力量，就是教育者教育别人的道理必须表现为自己的行动，言行一致，以身作则，率先垂范，要求别人做到的，自己应该首先带头做到，努力塑造自己的美好人格，做教育对象的表率。

身教胜于言传。有了人格的力量，真理的力量才能得到发挥。在思想政治教育中，人们不仅看教育者说什么，更重要的是看他们如何去做。通过教育者的"做"认识他们的"说"，判断"说"的真实可信性，决定是否接受教育者的"说"。只有立说立行，严于律己，率先垂范，教育者才会产生巨大的感召力、凝聚力。坚持身教胜于言教的原则，就是要发挥教育者的人格力量，以教育者积极健康的人格作用于教育对象，对被教育者的思想、观念、行为产生积极的影响。在开展思想政治教育工作时，无论人前人后、公开私下、有无监督，教育者要求教育对象做到的，自己首先要做到；要求教育对象不能做的，自己坚决不做。事事、时时、处处都要严格要求自己，不做思想的巨人、行动的矮子；保持言行一致、表里如一，以自己完善的人格、高尚的思想道德品质示范于教育对象，使教育对象在教育者的人格力量熏陶和影响下，提高思想道德水平和政治觉悟，不断成长和进步。

（六）系统性原则

系统性原则又称"整体性原则"。从管理学的角度看，系统性原则要求把决策对象视为一个系统，以系统整体目标的优化为准绳，协调系统中各分系统的相互关系，使系统完整、平衡。从教学论上讲，系统性原则要求教学必须循序、系统、连贯地进行。

思想政治教育是一项系统工程，有其复杂的结构程序和运动规律。思想政治教育主体（教育者）、教育客体（教育对象）、教育介体（教育内容、载体、方法、设施等）和教育环体（教育环境）等各种要素构成了思想政治教育的有机系统。系统性原则要求教育者在拟定和选择教育方法时，要从思想政治教育系统的角度进行系统分析，系统设计；要根据思想政治教育过程中内外部各个要素的相互联系，全面地、联系地、完整地、发展地看问题；反对片面的、孤立的、简单的、静止的形而上学的观点。

坚持系统性原则，创新教育方法，必须从系统的整体出发，既要考虑教育对象的思想特点与需要，又要考虑思想政治教育任务、内容的要求，还要考虑教育队伍的状况和客观环境的变化。就教育内容而言，进行思想政治教育，要让教育对象知道某些概念、原理以及整个思想体系的创立背景和适用范围。断章取义地引用，生搬硬套、生拉硬扯，都是唯心主义的，而非唯物主义的；无视新情况、新问题的出现，一味照本宣科，则是教条主义的，是不可取的。就教育对象而言，由于学生所学专业不同、年级不同，其思想发展状况也不同，在实施思想政治教育时不能"一刀切"，而要根据不同教育对象的思想状况和具体特点，有选择地运用合适的方式开展教育。思想政治教育是系统工程，在开展思想政治教育时，不仅要从整体把握，而且要从个体入手，根据不同的教育对象和不同的问题，不断寻找新的角度，适应不同对象的思想特点；灵活地采用各种教育方法，充分调动教育对象的思想感情，形成教育者与教育对象之间的双向互动，从而使教育主体、教育客体、教育介体和教育环体等各种静态结构要素形成动态的有机整体，以提高思想政治教育的效果。

思想政治教育方法创新还要遵循激励性原则、实践性原则、前瞻性原则。这些原则体现了时代气息，反映了思想政治教育对象的思想新特点。只有掌握并坚持这些原则，才能真正做到思想政治教育方法的创新，也才能更好地提高思想政治教育的针对性和实效性。

第三节　高职院校思想政治教育教学方法的创新探索

政治教育的本质目的就是"教育者通过各种形式对受教育者进行有关政治、思想以及道德、心理等方面的教育，使其内化接受并进一步将教育内容外化付诸行动"。为了达到此目的，思想政治教育工作者就必须在教学方法的创新上下功夫。

一、借助信息技术实现教学手段创新

在经济全球化、政治多极化、信息网络化、文化多元化的时代条件下，传统的说教式、灌输式的教学模式已远远不适应时代的发展。借助网络新媒体等信息技术实现思想政治教学手段的创新就成为一大趋势。

网络新媒体高超的技术特性，是传统思想政治教育的技术和手段无法比拟的。它能随时随地将文本、声音、图像等信息传递给设有终端设备的任何地方、任何人。网络中的每个人既是信息的接收者，又是信息源的提供者，这为新时期高职院校思想政治教育教学提供了一片崭新的天地，也带来了难得的创新契机。可以说，在信息全球化的今天，过去的体能型思想政治教学模式和"以时间换空间"的思想政治教学模式，已远远落后于新时代。因此，充分利用网络等新媒体技术，实现高职院校思想政治教育教学方法的现代化，成为时代发展的必经之路。

（一）运用各种现代网络媒体阵地，有效开展思想政治教育教学

运用各种现代网络媒体阵地，有效开展思想政治教育教学，其关键在于思想政治教育工作者需要及时转变教学观念，紧跟时代发展的脚步，善于掌握新技术，适应信息时代发展的需求。网络的出现和发展，是信息时代发展的必然结果。网络所形成的是一个具有开放性技术架构的生存空间。互联网的关键概念在于，它不是为某一种需求设计的，而是一种可以接受任何新的需求的总的基础结构。正是由于网络基础架构的开放性和人需求的无限性，激发人们不断创造出新的网络应用技术。每一种网络技术的广泛应用，都会形成一个由网络技术媒介与相应的用户群体，以及信息内容组成的微观信息系统，这些微观信息系统实际上就是一个新的思想政治教育场域。随着网络技术的不断创新和发展，这些新的场域也是在动态的发展变化之中的。因此，在这个新技术革新的时代，思想政治教育工作者必须具有前瞻意识，把握科技创新的时代脉搏，发挥每一种新的技术力量的进步因素和教育价值，实现对技术力量的积极引导和网络教育场域的主动营造。这是当前高职院校思想政治教育工作发展的正确策略选择。

开放的信息传播环境在推动人们开阔视野、拓展素质的同时，也造成西方意识形态以及社会多元化思想的大量涌入，冲击大学生的理想信念。这就要求教育工作者在推进校园网络硬件建设的同时更要大力建设网络"软环境"，用积极向上、丰富多彩的教育内容吸引大学生，将大学生凝聚在网络马克思主义教育阵地。其一，教育工作者要真正进入现代网络媒体阵地，努力适应网络这种全新的教育环境。教育工作者必须努力学习网络知识，掌握网络技术和操作技术；并且在日常学习、工作和生活中多接触网络、使用网络；最重要的是要培养自己参与大学网络文化生活的意识，加强与大学生进行网上交往活动的主动性，真正地融入网络生活，真切地感受网络文化；体验大学生在网络空间交往、学习、娱乐的方式，以及他们思想、心理以及行为的发展变化，真正做到与大学生在同一个环境下进行交流。其二，教育工作者要不断进行话语体系的创新，要熟悉和掌握网络文化，学会网络语言，采用大学生喜闻乐见的话语体系，做到在网络环境下能够与大学生实现有效沟通，以增强思想政治教育的吸引力和渗透力。其三，教育工作者要转变观念，在与大学生平等对话的过程中引导他们思想和行为的发展。网络社会的崛起对当代教育提出了新的文化境遇。传统教育从文化意义上看是典型的"前喻文化"模式。教育工作者以权威的身份向教育对象灌输教育内容，两者之间缺乏平等的交流。而网络时代带有显著的文化反哺的现象，由于大学生走在使用互联网的前列，是网络社区的主体力量和文化创造者。因此在网络信息传播的条件下，大学生在某些方面反过来变成知识的传授者和信息的传播者。这形成了具有典型意义的"后喻文化"色彩的文化场域。思想政治教育工作者要充分认识和把握教育文化的时代特征，在教育活动中转变教学观念，创新教学方式，充分重视与大学生在网络中的平等交流和沟通，积极引导他们发挥自主性和创造性，在教育和自我教育的结合中进步。

网络不仅改善了思想政治教育工作者的工作条件，增加了开展工作的工具和载体，更重要的是带来了新的工作方式、思维方式和价值观念。网络极大地促进了人的主体意识的成长。当代大学生在平等意识、自主意识、参与意识、选择意识等方面有了较大的发展和提升，民主参与的行为更为活跃。在思维方式方面，网络的便捷性、开放性、自由性、平等性、共享性使主体自身的自由个性和创造性思维能力、思维水平得到前所未有的充分发展，反映出信息时代条件下人的实践发展水平和科学文化水平的提升，进而在精神状态上呈现出自主、自立的精神状态和更加活跃、理性的独立思考的精神状态。正是网络时代带来了教育环境和大学生思想意识的显著变化，这就向思想政治教育工作者提出了新的要求。具体有以下几点：

第一，注重把价值观念教育渗透在知识性教育中。网络思想政治教育最为重要的工作就是使受教育者能够在网络信息的海洋中明辨是非，正确选择自己的立场并形成自己的观点，从而引导和帮助大学生树立正确的价值观体系。在这个工作中，教育工作者要运用"价值认识的形成依赖于相关真理"这一基本规律，把对学生的价值观教育渗透在知识、信息的传播过程中。在学校新闻宣传工作中，要积极地通过丰富多样的知识性信息发布、客观真实的新闻报道等渠道，实现对大学生思想发展的积极影响，努力让知识性信息或知识性认识的发布和传播，服务并促进大学生正确价值观的形成。

第二，注重将教学理念和价值观念渗透在校园网络文化的建设中。大学生群体是一个同质性很强的特殊社会群体，他们在年龄、心理特点、兴趣爱好、行为方式等方面都比较接近，有着较为一致的文化需求，校园文化正是大学生文化需求的反映。作为应对社会大众文化冲击，在网络空间保持和发展校园文化的一种"防卫性反应"，大学生有着建设校园网络文化、在校园网营造自己的精神文化空间的积极性和创造性。在许多高职院校，大学生在校园网上建构出了属于自己的学习生活和交往场所，创造和发展属于自己的网上精神文化空间。因此，高职院校思想政治教育工作者要主动参与和引导校园网络文化的建设和发展，把主流价值观渗透到承载着大学生归属感和文化认同感的网络空间中。

第三，注重把价值观念渗透到技术创新和应用中。技术是蕴含价值的，技术的价值性包含在其知识、方法、程序及其结果中，技术蕴含着丰富的内容。互联网出现的本身就是开放、创新、共享、平等的体现，例如开放的技术架构、公开的软件代码，以及自由创新和获取信息等。具体到每一种网络技术，都有其教育价值可以挖掘和应用。例如点对点技术（简称"P2P"）推动了以信息的即时交互为载体的社会网络交往的发展。用户在交换信息资源的同时，主动地进行交流和互动，进而衍生出配套的管理规则和交互礼仪。针对此类技术应用的内在价值，思想政治教育工作者可以通过引导和支持大学生开发用于学生集体学习和信息资源共享的公共软件，在大学生网络实践中弘扬利他主义精神，这是加强集体建设、加强集体主题教育的有效途径。

（二）占领网络教育制高点，思想政治教育教学进网络

现代网络的发展为高职院校思想政治教育教学工作提供了新的工作载体和手段，开辟了新的空间和新的渠道，是大力弘扬主旋律的主要阵地。所以，思想政治教育教学必须积极占领网络教育制高点。中国互联网信息中心发布的调查报告显示，截至 2021 年，在数以亿计的网民中，大学生是最活跃的群体。互联网带给校园文化的是丰富、庞杂的信息，这些信息正反交错、泥沙俱下、真伪难辨。互联网是一把"双刃剑"，既给高职院校思想政治教育工作增加了极大难度，又给高职院校思想政治教育工作提供了便利。不少大学生把网络作为在校园中发表言论、交流感情的主要场所，这对他们的学习、工作、生活和思想观念产生着深刻的影响。

网络使学生的社会化程度得到很大的提高，但许多学生对网络的负面影响缺乏足够的认识。因此，要加大思想政治教育教学进网络的力度。一方面，高职院校要加强大学生网络道德教育，加强国家有关互联网管理的法律法规的宣传教育，制定大学生互联网道德规范，开展大学生健康上网自律承诺活动，使其自觉遵守网络道德；另一方面，高职院校要建立思想政治教育网站，积极推进社会主义核心价值观进网络等活动，组织专门力量，制作一些兼具思想性、趣味性的优秀信息移植到校园网中，并针对一些社会热点问题提出观点；同时，高职院校还可在校园网上开设网络互动栏目，开展互联网知识竞赛、网页设计竞赛等活动，用正确、积极、健康的思想文化充实和占领网络阵地，不断提高思想政治教育网站的点击率和影响力。让思想政治教育内容在"进教材、进课堂"的基础上"进网络"，以拓展思想政治教育的渠道。利用网络平台，给学生提供一些与国家、民族或学生自身利益息息相关的热点问题，供学生讨论，增强思想政治教育的针对性和实效性。

（三）利用现代通信传媒技术，提高思想政治教育教学的实效性

微信已成为人们交往的一种便捷方式，它可以作为日常沟通交流的工具，弥补语言通话的不足，还可以传递新闻、服务信息，与广播、电视、互联网等其他媒体实现互动等。微信对乐于追求时尚和潮流的大学生群体来说，已成为他们生活的重要组成部分。对高职院校思想政治教育工作者来说，利用微信的独特优势，对开展思想政治教育工作也是如虎添翼。可以说，微信、微博等社会化信息网络的兴起，极大地丰富了大学生的业余生活，促进了大学生之间的人际交流和沟通。但微信中不良内容的传播也严重影响着大学生健康成长。对此，思想政治教育工作者就需要有效利用微信及网络平台，趋利避害，及时帮助大学生在使用现代信息工具时自觉抵制其不良影响，净化校园网络信息环境。

其一，充分利用微信与大学生进行点对点地深入交流。微信交流的非现场性，可以使交流双方避免因面对面而引起的尴尬。微信交流的形式使一些意见被尽可能地表达出来，使交流双方比较轻松随意。这种交流方式可以使高职院校思想政治教育工作者与大学生在交流时具有充分的思考时间，使教育工作者有一定的时间根据学生的问题慎重地提出解决方法，学生也有一定的时间进行反省、思考，认真考虑教育者提出的意见，进而在教育者

的引导下努力向着积极的方向发展。通过微信交流，有利于高职院校思想政治教育工作者更加深刻地把握学生的思想动态，了解学生的内心世界，发现大学生存在的思想问题，进而有的放矢地开展具体的心理辅导，增强思想政治教育的实效性，保证大学生能以积极健康的心态学习和生活。同时，大学生还可以根据自身的情况主动与高职院校思想政治教育工作者进行交流，将一些心理困扰通过微信及时与高职院校思想政治教育工作者进行沟通，以获得科学指导，避免在成长的道路上走弯路。

其二，积极开展校园微信文化活动，提升大学生微信文化品位。校园微信文化活动以创建文明健康的微信为宗旨。活动方式可以根据各高职院校自身条件自主选择，如校园微信宣传活动、校园微信征文活动、校园微信创作比赛等。在校园微信文化活动的开展过程中，大学生可以更加深入地参与微信创作的过程，更加深刻地理解校园微信的内涵，更加自觉地接受校园微信文化的熏陶，从而有效地净化校园微信文化环境，提升大学生微信文化品位。大学生可以从根源上抵制不良微信内容，使不良微信内容失去生存的土壤。

其三，创建高职院校微信平台，弘扬"红色微信"文化。"红色微信"是指积极、健康、向上的微信，包括理想信念、社会主义核心价值观，以及古今中外的名人名言、中华传统美德和社会公德的励志箴言等内容。利用高职院校手机微信平台，传播校园红色信息的具体方法包括：一是需要组建红色微信创作队伍，选拔科学文化素质高、思想政治素质过硬的教师、政工干部、辅导员和学生党员等组成红色微信创作小组，搜集、编写内容科学健康、积极向上的红色微信并及时发送给学生。二是建立"多位一体"的工作机制，建立以校级、院级、年级、班级为单位的手机微信平台，层层联动，保证红色微信覆盖高职院校，取得红色微信的教育效果。三是建立高职院校双向交流工作机制，即除高职院校红色微信创作队伍专门创作的红色微信外，鼓励所有大学生参与到校园红色微信的创作中，使大学生不仅可以对校园红色微信文化提出自己的意见和建议，还可以自己动手编写红色微信。四是建立校园红色微信数据库，高职院校红色微信创作小组可以根据学生创作的微信内容进行筛选，挑选优秀的微信纳入红色微信数据库，并及时更新，确保在校大学生都能够及时收到高职院校手机微信平台发布的红色微信。

其四，科学把握微信发布的时机，可以取得良好的教育效果。在恰当的时机发布有教育意义的微信，才能取得良好的教育效果。恰当的时机一般指重大节日、历史事件纪念日，以及特定大学生群体活动日等。在重大节日，发布节日祝福微信，并将思想政治教育内容融入其中，可以使大学生在接受节日祝福的同时积极地将思想政治教育的内容内化。例如，国庆节到来之际，高职院校思想政治教育工作者向大学生发送节日微信，在向大学生表达祝福的同时将革命先烈通过浴血奋战才得以建立的中华人民共和国的历史信息融入，让学生们深感中华人民共和国建立的艰难，从而更加珍惜现在的幸福生活。同时国内外重大事件（包括党的代表大会的召开、国际热点问题等）的发生也会引起大学生的广泛关注，高职院校思想政治教育工作者应及时把握时机，因势利导，提高大学生的思想认识。此外，在一些特殊时期，包括新生入学、学期期末考试、大四考研、毕业生择业，大学生都面临着不同程度的压力或困惑。高职院校思想政治教育工作者可通过手机微信对学生进行即时心理疏导，给予其鼓励和宽慰，做大学生前进道路上的知心人和引路人。

（四）综合运用现代科学研究成果，丰富思想政治教育教学工作方法体系

世界各国争相运用现代化信息技术加强和改进对外传播手段。高职院校必须适应这一趋势，加强信息传播手段的更新和改造，在高职院校思想政治教育教学中必须积极掌握和运用现代传播手段。高职院校思想政治教育工作者必须对新技术的发展变化具有一定的敏锐性，尤其是对新事物、新技术、新工具引发的大学生思想状况的变化，以及相应工作内容、规律、方法的变化。这既是思想政治教育工作者对自身的要求，也是高职院校应当尽力实现的工作要求。思想政治教育工作者只有提高自身的敏锐性，及时把握这些技术对思想政治教育带来的影响，加强相关技术业务培训力度，掌握大学生使用现代传媒的基本情况，并注重主动了解和分析微博对大学生的影响情况，才能早日占领和建设思想政治教育工作的新阵地，把握这方面工作的主动性。同时，高职院校对思想政治教育工作者运用微博等方式开展工作应该提出明确的任务与要求，要有针对性、有力度地开展这方面的学习、培训和交流，并利用新技术，建设思想政治教育阵地，积极吸引大学生的眼球和目光，凝聚他们的行动，让大学生朝着党和国家育人目标的方向成长。

综上所述，新媒体作为一种教育载体，具有不可替代的形式、作用和意义，但是绝不能让形式遮蔽或掩盖思想政治教育的目的或内涵。我们必须明确，一方面，思想政治教育的价值理念是新媒体条件下开展思想政治教育的前提和基础，如果缺乏思想政治教育的价值内涵，新媒体条件下的思想政治教育只会流于形式，不仅会走向现实思想政治教育的反面，而且还不利于大学生道德水平的提高；另一方面，新媒体化思想政治教育是传统思想政治教育在新媒体上的延伸和发展，传统思想政治教育作为基础性工程，必须占据主导和支配地位，对高职院校学生思想政治教育起着决定性作用。新媒体在虚拟的实践条件和环境中形成的判断和观念，必须经过现实社会实践的考察和检验才能最终被认可、接受和推广。正是因为新媒体在思想政治教育领域的介入，促进了教育手段的现代化，更促进了教育观念的现代化。在新媒体环境下，创新思想政治教育应以传统思想政治教育为基础，以新媒体化思想政治教育为拓展，建立新媒体化思想政治教育与传统思想政治教育相结合的有效模式，实现两者的互通与融合。

二、大力推行实践体验式教育

实践体验式教育作为一种教育模式，最早可以追溯到古希腊哲学家苏格拉底的教学模式。他教导弟子的方法是情景教学和发问，这是体验式教育的雏形。常言道"实践出真知"，正确的认识，只能在实践中产生，没有实践的认识只能是无源之水、无本之木。教师在实践活动中引导学生不仅用眼看，用耳听，而且还要动手做，达到情动、心动，入脑、入心的境界，进而帮助学生在所见所闻、所想所做中亲身体验、感悟，提高自身的思想道德素质，

并外化为良好的道德行为。这里所说的实践体验式教育，包括实践教学体验式教育和社会实践活动体验两个层面，即"第二课堂。"前者是根据思想政治教育理论课程内容设置的，在教师指导下开展的实践活动，包括课堂实践教学和社会实践教学。后者是指学生社会活动的体验，多是没有教师指导的自主活动。

（一）推行实践体验式教育的意义

现代建构主义教育理论认为，思维起源于直接经验的情境中所产生的疑难问题。正是解决疑难问题的冲动激发人的思维活动，并经过解决疑问而获得经验。对于以传授和学习间接经验为特征的教育教学活动而言，"回到"经验产生和获得的"情境"中，让被教育者重新面临情境以及情境中的疑问至关重要。只有这样，才能够激发被教育者解决疑问、积极学习的情感反应，并按照总结了间接经验的前人的思维逻辑和理论逻辑进行思考和理解，从而实现学习目标。

高职院校思想政治教育教学的目标是由对"科学理论和基本知识"的认知，到对观念和价值的认同，最后到行为自觉的育人过程和成长过程的统一，其核心是"使人成为人"。思想政治教育教学过程既是与学生"认知过程"的统一，也是与学生"人格养成过程"的统一。思想政治教育教学作为对科学知识的"认知过程"，主要着眼于事实判断，是一个求真的过程，体现的是科学精神，其学习过程是以"问题—探究"为主，"情境—体验"为辅。而作为育人的"人格养成过程"，主要着眼于价值判断，是求善的过程，其教学目标是使受教育者认识和理解、体验和认同价值体系的意义，并能够身体力行，这一学习过程以"情境—体验"为主，"问题—探究"为辅。在这一教育教学过程中，问题与情境紧密相连，往往表现为"情境中的问题"，问题存在于真实情境中，创设情境是其基础性要素。"基于情境的体验式"教学模式则侧重于情境的体验，其理论基础是建构主义的学习理论。建构主义学习理论把学习者与周围环境相交，让学习者到现实世界的真实环境中感受和体验，通过获取直接经验来学习，但是这种学习模式往往是以问题为前导的。"基于问题的探究式"教学模式和"基于情境的体验式"教学模式分别强调了同一个事物的两个方面，问题和情境难以单独存在，只是侧重和强调的是"问题—探究"还是"情境—体验"而已。"问题—探究"与"情境—体验"相互补充、不可分离，二者融合在一起可以构成"基于问题—情境的探究—体验式"教育教学模式。这一教育教学模式的建构除了包含以上所讲的"基于问题的探究式"和"基于情境的体验式"两种教育教学模式的含义外，还适用于思想政治教育理论"育人"目标的完成。

在这一教育教学模式下的知识学习过程，可以避免以传授系统知识、培养基本技能为目标的传统"传递—接受"模式的缺陷和不足，其教育教学目标是使受教育者认识和理解、体验和认同价值体系的意义、目标，并能够身体力行，形成自己的情感、态度、价值观，确定自己的理想、信念和人生目标，达至"强立而不反"的独立人格，并从中获得人生的精神支柱和力量源泉。这一学习过程以"情境—体验"为主，"问题—探究"为辅。置身于一定"情境"的"体验"不再仅仅是辅助"知识"和"问题"的理解和探究，其本身就是目的，具有独立的意义和价值。"辨志""乐群""亲师""取友"主要是在不断地人际互动中体验完成的。而通过对理论和知识的应用和理解，经由个体在观念和价值上的认同，从而实现在行为上的自觉的整体教学目标，还需要通过"问题—情境""探究—体验"教育教学模式在课内和课外进一步应用和拓展，形成完善的实践教学体系来完成。"问题—情境""探究—体验"教育教学模式由"围绕问题、由问题引领"的教育和"以体验为主"的教育组成。按照建构主义教育理论，学习者要想完成对所学知识的意义建构，即达到对所学知识所反映的事物的性质、规律，以及该事物与其他事物之间联系的深刻理解，最好的办法是让学习者到现实世界的真实环境中感受和体验，即通过获取直接经验来学习，而不仅仅是通过教师的介绍和讲解。因此，思想政治教育要进一步实现学生对马克思主义、中国特色社会主义理论体系的理论认同、政治认同和感情认同，并将科学理论的内涵、精髓转化为内心的政治信念和思想素质，形成积极主动参与理论建设与创新发展的观念，将科学理论转化为行动自觉的终极目标，就必须与实践教学活动中的参与、体验和行动相结合。

（二）实践体验式教育教学的方法步骤

第一，提出问题，创设情境。通过提出问题和创设情境，让师生或置身于一个寻求解决问题的理论和方法的情境；或面对冲突和问题，体验解决冲突和问题过程中的意义追问和价值选择。例如，思想政治教育理论课中的"马克思主义基本原理概论"和"毛泽东思想和中国特色社会主义理论体系概论"两门课程更侧重于理论体系的知识传授，更适合基于一定情境中的问题，然后寻求解决问题的理论和方法的学习。所谓问题，一方面是基于大学生在现实生活中产生的问题和困惑，以大学生的现实世界作为课程展开的背景和资源；以现实的重大问题为载体，建立实践教学活动与"生活世界"的联系，建立实践教学"意识"与"对象"之间的关联。另一方面是设计的问题，为了引发思考，设计冲突性场景呈现问题，进行分析和思考。但无论哪一种问题的呈现，关键点还在于"智慧"地提出问题，其"智慧"体现在提出的"问题"是存在于真实情景中的，存在几种可能的解决方案或者缺乏解决问题所需的信息的问题，即劣构问题，而不是学生已有标准答案的问题；还体现在问题的提出既符合理论逻辑，又符合现实逻辑，使学生能够在总结前人的思维逻辑和理论逻辑的基础上进行思考和理解，让学生产生问题意识，在已知与未知之间出现矛盾，形成困惑，从而激发学生探究的欲望和主动学习思考的内在动机，为下一步在理论和现实的逻辑中寻求答案打下基础。而"中国近代史纲要"和"思想道德修养与法律基础"两门课程则更多地触及作为国民的责任感和作为个人的情感，涉及意义的追问、价值的选择。因此可以更多地选择让大学生面对冲突和问题，充分体验其解决冲突和问题的过程的意义，关键在于有策略地创设情境。其策略在于冲突的呈现和问题的提出，要贴近民族或个体生命的命运，能够激发学生的情感，使学生产生共鸣，为进一步引领大学生形成正确的政治立场和相应的情感、态度、价值观打下基础。

第二，驱动探究，引发体验。在前一个教学程序所设置的问题或情境下，及时引导学生带着探究的欲望和主动学习思考的动机投入实践活动，进行理性的理论思考和辨析；激发学生带有个人情感，关注民族和国家的命运，自己与同胞的命运；思考人生，进行意义的追问和价值的选择。这一环节的学习使大学生形成独立思考、合作探究的意识，注意培养大学生分析问题、解决问题的能力；锻炼大学生的创新意识和批判性思维；形成能够使大学生身临其境、感同身受的氛围；使大学生的认知、情感、意志、行为习惯等要素产生有机联系和共同作用；注意培养大学生的爱国情感、政治认同、公民意识、法律意识和道德自律意识。

第三，总结认识，升华情感。在前一个教学程序中，一些大学生通过独立思考、合作探究使问题得到解决，并形成一定的理论和方法。教师应当及时对此进行指导，让学生对自己的实践和探索过程进行理论总结和学术整理，形成符合规范的研究报告、社会调查报告或学术论文。还有一些大学生通过体验，对冲突和问题的解决过程中的意义和价值进行思考，形成了态度和情感。教师应当及时帮助大学生进行提炼和升华，使其上升到世界观、人生观、价值观的层面，形成具有个性的体会、心得和认识。

第四，组织交流，梳理整合。教师需要在前一个教学程序完成之后，采取多种方式，认真组织交流，包括班内的小组交流与答辩；利用网络平台、板报宣传或择优发表等方式实现更大范围的交流互动，实现"零散经验的规范化、内在经验的外显化以及个人经验的推广交流"，使师生从中获得更大的启发和教益。在交流的过程中，教师要对大学生形成的结论、认识和感悟及时点评指导，梳理整合。由于每个学生的实际情况不同，所侧重的问题不同，观察和理解的角度不同，在实践过程中接受的介绍和引导不同，因此对同一个主题的实践活动所产生的看法和结论也不相同。要想使大学生形成一个基本的认识，达到实践主题设计的基本目的，就需要教师引导大学生回归理论，进行指导和矫正，既尊重学生学习和认识的个性，又体现思想政治教育理论课的政治性，即大是大非和基本理论方面坚持正确的立场。

（三）有效推行社会实践教育

社会是高职院校思想政治教育的大环境，也是大学生展示人生的舞台。社会实践是大学生了解国情、认识社会的场所，是大学生增长才干、奉献社会、锻炼毅力、培养品格、增强社会责任感的重要途径。社会实践具有综合教育作用，其主要功能在于提供思想政治教育理论与实际相结合的基础，巩固、检验理论学习成果；提供与群众相结合的机会，培养热爱劳动与劳动人民的思想；选择、优化社会德育资源，强化德育实效。社会实践体验包括两个方面：一是走出校门，走进社会，到物质文明、政治文明和精神文明建设的先进地区、先进单位参观访问；或就某种社会现象、社会问题进行专题调查；或到基层去，到工农群众中去，在火热的社会生活中互帮互学，共同进步；二是通过丰富多彩的党、团和班级活动，在不知不觉中教育和影响大学生。社会实践随着社会多样化的发展，其内容与方式也不断发展，除了传统的生产劳动、社会调查方式外，还出现了科技发明、勤工助学、专业实习、志愿服务、公益活动，以及网络管理、虚拟实践等方式。多样化的社会实践方式给不同类型、不同专业、不同兴趣的学生提供了更多选择，有利于提高社会实践的质量和效果。

第五章 高职院校思想政治教育教学模式的创新

高职院校开设的思想政治课程是对全体学生进行思想政治教育的主渠道和主阵地，思想政治教育理论课的教学质量及成效不仅直接影响大学生的健康成长和全面发展，还关系到构建和谐社会、幸福社会的大局。随着国内外形势的快速发展，各种思想文化潮流、道德取向、价值观念相互渗透，特别是社会上存在的功利主义、实用主义、自由主义、物质主义、拜金主义等思潮，给高职院校学生的思想和心理带来了巨大的冲击，加剧了其政治信仰、道德标准和价值观念的复杂性，使高职院校学生在学业、情感、就业、人际关系和外界环境刺激等方面产生巨大的心理困惑。因此，在改革中推进高职院校思想政治教育教学模式的科学发展，切实有效地提高思想政治教育理论课教学的实效性与感染力，是高职院校面临的紧迫而重大的课题。

第一节 高职院校思想政治教育的教学模式

高职院校思想政治教育是高等教育的重要组成部分，是一切专业教育的基础和前提条件。改革开放以来，我国高职院校思想政治教育教学取得了长足的发展。随着国内外一系列新变化、新情况的不断出现，高职院校思想政治教育面临严峻挑战。如何适应形势的变化，探索高职院校思想政治教育教学的新模式，是每个思想政治教育工作者首要考虑的问题。

一、"两课"课堂教学仍是高职院校思想政治教育教学的主渠道

经过长期的教学改革，我国高职院校基本确立了"两课"为主的理论课体系，即以马克思主义理论课和思想品德课为主框架，在高职学生中进行系统的、基础性的理论教育，形成既相互独立，又相互联系的思想政治教育的有机整体。"两课"的学习，使学生系统地了解马克思列宁主义发展的脉络，掌握马克思主义基本原理、毛泽东思想和邓小平理论的主要内容及精神实质，从而确立马克思主义的人生观、道德观、世界观，学会以马克思主义的立场、观点和方法分析、解决现实问题，从根本上奠定了高职院校思想政治教育的坚实基础。在这一学习过程中，课堂教育是最主要的手段。然而传统的"满堂灌"、一言堂的教学模式越来越不适应新形势的需要。为发挥课堂作为思想政治教育主阵地的作用，高职院校应从以下方面进行教学改革。

在教学方法上，要结合大学生思想活跃、求知欲强、善于接受新事物等特点，不断探索与之相适应的课堂教学模式，利用课堂讨论、师生辩论，就学生普遍关心的问题进行专题讲座等，活跃课堂气氛，调动学生学习兴趣和热情，引导学生积极主动地参与到学习过程中。同时注重利用电视教学、幻灯教学、多媒体教学等多种现代科技手段，通过大量历史资料，生动、形象、直观地对学生进行理论教育，从而丰富课堂内容和形式，使大学生在学习基础理论的同时，可以获取大量信息，开阔眼界，活跃思维，又从历史、现实与理论的结合中，更深一步领会马克思主义理论。

二、丰富多彩的校园活动是高职院校思想政治教育教学不可忽视的辅助手段

校园是大学生的"第二课堂"，其课余活动主要集中在校园。如果说课堂教育是知识的输入，那么利用校园活动进行思想政治教育就更具有因势利导的优势。校园活动从形式到内容丰富多彩，极受大学生欢迎，特别是在这些活动中大学生都是主动、热情地参与的，在形式上更易于接受思想教育。有些院校则经常请一些学者、专家、企业家作专题报告、讲座，吸引广大学生，内容涉及学生所关注的一系列国内外重大事件及问题。这些讲座具有很强的针对性、实效性，从不同侧面进一步解决了学生的思想困惑，开阔了视野，弥补了课堂教学的不足。此外，由院、系或学生组织的大型演讲赛、辩论赛、征文比赛等活动频繁地开展，以多种形式和丰富的内容调动学生参与和学习的热情。通过上述校园活动，既提高了学生的综合素质，丰富了课余生活，又在课堂外接受了潜移默化的思想政治教育，无形中形成了课堂教育的延续，发挥了难以替代的补充和强化作用。

三、以"网络"和实践活动为纽带的社会"大课堂"越来越成为思想政治教育教学的重要舞台

思想政治教育是一个连续的过程，同时在空间上不可避免地涉及课堂、校园以外的社会。随着时代和科学技术的迅猛发展，高职院校已经逐渐摆脱了封闭的"象牙塔"的形象，与社会发生密切的、广泛的联系，日益形成"校园—社会"的二元结构，高职院校思想政治教育也因此面临许多新挑战，在手段、方式上亟待改革创新，以适应这一变化。其中一个重要内容就是利用信息网络技术，在虚拟的网络世界中发挥正确导向的作用。近年来中国互联网蓬勃发展，对我国经济、文化、科技和社会发展的产生起巨大的推动作用，由于在信息传递、资源共享方面拥有无可比拟的优势，互联网正在日益改变着我们的生活。越来越多的大学生通过网络，以全新的方式同社会发生密切联系，随着这一变化，网络的负面影响也不可避免地出现，极大地影响着大学生的思想道德。因此，要重视和充分运用信息网络技术，使思想政治教育工作提高实效性，扩大覆盖面，增强影响力。高职院校应加

强网络管理，加强对校园网络的监管。同时建立积极健康的校园思想政治工作网站，利用网络资源增进思想交流和交锋，在网络的虚拟社会中，坚持正面宣传教育，以正确的舆论和科学的理论引导大学生，在实践中占领网络这一全新阵地，使其成为思想政治教育的重要舞台。

大学生终究是要走向社会、服务社会的。因此，以丰富的社会实践活动让大学生在学习期间关注社会、接触社会，在社会实践中了解社会、认识国情，进一步强化思想政治教育，提高认识，是高职院校思想政治教育的重要环节，也是贯彻理论联系实际的重要手段。在方式上，可以利用大学生寒假回家之际，拟定考察内容，制定考察任务，使学生进一步了解家乡、了解社会、了解国情，也可以组织学生参观、考察各类企业或到经济文化落后的地区帮困扶贫等。大学生在教师引导下自觉运用课本中学到的理论知识，解决现实中遇到的问题，从而在实践中有效解决思想认识问题，提高分析和解决社会问题的能力。

总之，在这一"课堂—校园—社会"的思想政治教育教学模式中，思想政治教育一以贯之，环环相扣，互为补充，互相推动，形成了一个多层次、全方位、不间断的完整过程，过程中既运用传统教育手段，又大胆改革创新，运用多种现代科学技术，充分体现了思想政治教育实施过程的科学性、针对性和层次性，极大改变了传统思想政治教育的单一模式，更符合时代的要求，从而有力地推动高职院校思想政治教育教学的进一步发展。

第二节　高职院校思想政治教育教学模式创新的目标和原则

一、高职院校思想政治教育教学模式创新的目标

高职院校思想政治教育教学模式创新应当实现四个方面的转变，即由单向灌输型向双向交流型转变，由单一管理型向共情共感型转变，由显性教育型向隐性教育型转变，由教师教育型向合力教育型转变。为真正实现上述转变，在高职院校思想政治教育教学模式建构中必须始终将以下目标作为创新导向。

（一）教育主体的平等性与目标定位的准确性

1.教育主体的平等性

平等作为人们的一种普遍要求，是建立在人们对自己和他人关系的基本看法的基础上的，正如"任何心智健全的成人都不会自觉自愿地认为自己天生地低于别人，不会自觉自愿地认为自己天生地应当屈从于别人"。对大学生思想政治教育而言，平等性主要是指教育者和教育对象关系的平等。换言之，在思想政治教育沟通活动中，教育者和教育对象都是思想政治教育沟通活动的主体，享有同等的地位和相同的权利。教育者不是某种权威的象征，而是以平等的、互相尊重的身份与教育对象沟通、交流与交往，双方能够彼此理解

与尊重、信任与接纳、相互关心与帮助。因此，大学生思想政治教育教学模式的创新也必须以实现教育者和受教育者之间的平等性为目标前提。

2. 教育目标定位的准确性

在当前的思想政治教育模式中，仍然存在着弱化教育的育人性和人本理念，忽视思想政治教育理应具有的本体性价值的异化现象。就思想政治教育的目标定位而言，定位过高、过虚，注重政治理论的宣传教育而忽视受教育者同样作为教育主体本身的需要，使思想政治教育没有贴近大学生的实际需要和现实生活。具体来说，思想政治教育是在与个体密切相关的社会生活领域中展开的，理应介入到社会生活领域与个体的具体生活实际密切相关。因此，思想政治教育必须深入社会生活领域、贴近受教育者的生活现实、满足实际需要，才能打破思想政治教育的狭隘视界，使思想政治教育更具活力。美国教育学家约翰·杜威就指出道德教育应该重视对社会生活领域的渗透作用，他认为"道德教育集中在把学校作为一种社会生活的方式这个概念上，最好的和最深刻的道德训练，恰恰是人们在工作和思想的统一中跟别人发生适当的关系得来的"。因此，将教育目标准确地定位于贴近大学生的实际需要、贴近生活现实是大学生思想政治教育教学模式创新的基本要求。

（二）教育内容的开放性与教育方式的多样性

1. 教育内容的开放性

大学生作为受教育者，与其他社会成员一样，不可避免与社会进行着广泛的接触与联系。社会生活的广泛性界定了思想政治教育因素的开放性。教育者对受教育者施加的教育影响，同社会各因素对受教育者的影响，几乎是同时同地进行的，这就决定了思想政治教育因素和过程的开放性。在这一过程中，思想政治教育内容的开放性居于核心地位。正如美国心理学家卡尔·罗杰斯指出："思想政治教育是灵活的，在概念、信念、知觉和假设中是敞开的。对于其中的模糊性，它是宽容的，是允许它如其存在那样的。它故而具有接收许多矛盾的信息而不拒之于经验之外的可能性。在这一过程中，我们感受精神振奋，更加自由开放，更能接受自己和他人；同时由于我们努力去理解和接受，因此也乐于倾听新思想。"因此，大学生思想政治教育教学模式创新必须以实现教育内容的开放性为核心目标。

举例来说，大学生思想政治教育是综合科学。美国学者约翰·埃利亚斯曾指出："道德教育是一个需要多学科共同研究的领域，仅仅通过一门学科来探讨这一领域既是有限的，也是危险的。"因此，科学教育作为科学精神培育的重要载体也是思想政治教育的重要组成部分。具体来说，从内容角度看，科学教育是思想政治教育的重要载体。一方面，科学是思想政治教育内容得以产生的前提和基础，也是思想政治教育内容得以丰富和发展的条件。另一方面，科学教育是思想政治教育的原生形态，是思想政治教育展开的形式和必要环节，也是确保思想政治教育产生实效的重要保证。思想政治教育是科学教育的目的、导向和归宿。从功能上讲，思想政治教育是对科学教育功能的升华和拓展。正如爱因斯坦所言："科学虽然伟大，但它只能回答'世界是什么'的问题，'应当如何'的价值目标，却在它的视野和职能的范围之外。"

2. 教育方式的多样性

当前的思想政治教育模式，重讲授、说教等较为单一的教育方式的现象仍然存在。这种填鸭式、灌输式的教育手段和教育方式，不能体现思想政治教育的人本观念与受教育者的主体思想。因此，为了实现大学生思想政治教育教学模式的创新，教育方式的多样性同样是重要的目标导向之一。具体来说，在思想政治教育过程中，必须承认思想道德的层次性，允许思想道德追求多样化，使具有不同思想道德层次（指与法治相容的道德层次）的人都能在社会中找到适合自己生存与发展的空间，找到激发自己不断向高层次的思想道德目标前进的动力，把思想政治教育工作保持在具有层次性的复杂阶段，从而保持思想政治教育工作蓬勃向上的青春活力。同时，就高职院校而言，思想政治理论课教育、社会实践能力培养、校园文化氛围营造、学生事务咨询等都是开展思想政治教育的重要手段，允许理论课育人、社会实践育人、文化育人与管理育人等多种形式共存，而且在最大程度上实现教育的合力是大学生思想政治教育教学模式创新所必须达到的目标。

（三）教育过程的统一性与评价机制的科学性

1. 教育过程的统一性

人的思想品德是在社会实践的基础上，在客观外界条件的影响与主观内部因素的相互作用、相互协调和主体内在的思想矛盾运动转化的过程中产生、发展和变化的。而这一过程既包括教育的外在干预环节，又包括受教育者对外在干预因素的吸收内化环节，是由外在干预到吸收内化的动态过程。在这一过程中，教育者的教育起引导作用，受教育者的自我教育起内化作用。任何教育只有通过受教育者自我教育才能发挥作用。受教育者思想政治素质的形成，既是教育者教育的结果，又是受教育者自我教育的结果。

此外，思想政治教育的过程同时还是一个塑造积极因素和改造消极因素的过程。在思想政治教育过程中，只讲塑造或只讲改造的单纯灌输式的教育都是不全面的。这是因为"每个人都有自己的价值观，并且能够按照个人的价值观行事"。每个受教育者的精神世界都是由积极因素和消极因素两个方面构成的。巩固和发挥已有的积极因素，培养新的积极因素，属于塑造性质的教育；矫正已有的消极因素，属于改造性质的教育。因此，塑造与改造是思想政治教育过程中经常进行的两个不可分割的有机过程。同时，在思想政治教育过程中，还应以塑造为主，改造为辅，实现塑造教育与改造教育的结合与统一。显然，必须实现教育干预和自我教育的主动内化相统一，而塑造教育和改造教育相统一是大学生思想政治教育教学模式创新的又一目标。

2. 评价机制的科学性

大学生思想政治教育的效果如何，直接关系到建设中国特色社会主义伟大事业，实现中华民族伟大复兴的中国梦的成败，关系到党和国家的荣辱兴衰。2015年1月，中共中央办公厅、国务院办公厅印发的《关于进一步加强和改进新形势下高校宣传思想工作的意见》中指出，要提升研究回答重大问题的能力，实施中国特色新型高校智库建设推进计划，定期开展师生思想政治状况调研，建立健全高校哲学社会科学研究分类评价体系，完善以质量和贡献为导向的评价机制。因此，大学生思想政治教育评估机制的科学性与否不仅直接关系到思想政治教育实效性能否实现，而且关系到高校办学质量的高低。这要求在考察思想政治教育效果时必须坚持实事求是，采用科学方法和技术手段进行整体考核和综合评定，实行动态与静态、个体与整体、定性与定量、短期与长期相结合的方式。显然，实现评价机制的科学性必然也是大学生思想政治教育教学模式创新的重要目标。

二、高职院校思想政治教育教学模式创新的原则

高职院校思想政治教育教学的基本原则，是指在高职院校思想政治教育教学过程中形成的客观规律，是实践总结的精华，是必须遵循的基本准则，它是在长期的思想政治教育教学实践中形成和发展起来的，具有实践和理论的双重属性。高职院校思想政治教育教学模式的创新要围绕以下五个基本原则来运行。

（一）"疏"与"导"相互结合的原则

"疏"就是广泛征求意见，疏通各种利害关系；"导"就是在疏通的基础上，对正确的元素加以肯定，对错误的元素进行否定，并引导相关主体向正确的方向前进。疏通和引导是两个相辅相成的个体，只有深入调查、分析个体需求、厘清各种错综复杂的关系，才能够充分了解人们的想法，为"导"提供路径和方向；引导则为疏通提供基本的动力。二者相互结合是进行大学生思想政治教育的前提。

大学生思想政治教育教学必须以大学生的行为特点为直接依据，而决定大学生行为特点的思想特点则是开展大学生思想政治教育教学模式创新的根本依据。从模式创新的角度来看，教育者仅仅把握大学生的行为特点远远不够，还需进一步掌握大学生形成这种特点的原因。一般而言，大学生行为是外显的，其特点可以通过观察法进行归纳，而要掌握具有内隐性的大学生的思想特点，关键就在于"疏"，就是让大学生"说话，说真话"。通过创造轻松的氛围、疏浚沟通渠道、搭建对话平台等一系列举措，让大学生原原本本地道出自己的真情实感，完完整整地表达自己的思想观念，从而了解学生的所思所想。在把握大学生思想特点的基础上，能够从更深层次分析和研究大学生的行为方式，全面掌握大学生的行为特点，并预测其未来发展趋势和发展方向，为开展大学生思想政治教育教学模式创新奠定基础。"疏"只是手段，"导"才是目的。思想政治教育工作者要特别注重在"导"上下功夫，导思想、导行为，通过选择、运用各种教育方法，引导大学生不断强化正确的思想观念和行为习惯，不断纠正错误的思想观念和行为习惯，以达到大学生思想政治教育教学模式创新的根本目的。

（二）理论与实际相结合的原则

理论与实际相结合是处理一切问题的基本方法。理论对实际具有重要的指导作用，列

宁曾说"没有革命的理论，就不可能有革命的运动"，实际反过来又对理论起到补充、修正的作用。理论与实际相结合的原则，正确反映了理论和实际之间的辩证统一关系。现代思想政治教育，就是要求人们运用科学的方法认识世界，这要求我们必须深化理论的指导力量，同时也要结合国情、时代背景等实际情况，开展思想政治教育，以达到知行合一的效果。

大学生思想政治教育教学模式创新是一项实践性很强的活动，必须有科学的理论加以指导。大学生思想政治教育教学模式创新是依据教育对象的实际情况、教育环境的不断变化更新教育方式和方法的过程，是不断地将抽象的理论与具体的实际相结合的过程，是与思想政治理论教育相互配合、形成合力的过程，是加深和强化教育对象对理论的理解与把握，实现教育对象对理论的自觉接受和科学运用的过程。理论在大学生思想政治教育教学过程中发挥基础和保障的作用，是教育过程的出发点和落脚点。如果没有理论的指导和运用，大学生思想政治教育教学模式创新将失去依据、失去方向、失去价值。在大学生思想政治教育教学模式创新中，必须牢牢坚持理论与实际相结合这一原则。

（三）国际化与民族性发展相互统一的原则

随着全球化的发展，面向世界、放眼全球成为世界各国必须具有的思维方式和视觉维度。然而，全球化造成了大量的"文明冲突"，世界各国尤其是发展中国家，为了维护国家的主权和独具特色的民族文化，将坚持民族化发展的现代化取向作为应对全球化挑战的策略。事实上，民族化和全球化是相辅相成的，民族化是全球化发展的基础，全球化是民族化发展的条件。在全球化与民族化的交织中谋求发展，是每个国家、社会乃至每一个人都无法回避的现实。

置身于全球化的国际环境下，面对激烈的国际竞争，要消除错误思想对大学生的不利影响。对大学生思想政治教育工作来讲，自我封闭或者一味回避都是没有出路的。同时，大学生思想政治教育应当立足于中华民族传统文化的基石，立足于中国特色社会主义现代化建设的实践，进一步加强大学生的民族精神教育和时代精神教育。

不难看出，大学生思想政治教育教学模式创新必须正确处理"外"与"内"，"他"与"我"的关系，既立足于本国又面向世界，坚持面向世界与立足民族发展相统一，培养既懂得中国又了解世界，既有民族气质又有国际视野的新型人才。

（四）主导性与多样性相统一的原则

主导性与多样性相统一，要求大学生思想政治教育教学既要坚持"一元主导"，又要允许"多样发展"；在教育目标、教育内容、教育要求、教育渠道、教育方法等各个方面，既要体现主导性，又要体现层次性、丰富性、广泛性、多样性。对大学生思想政治教育教学模式创新而言，坚持主导性就是要求必须坚持用社会主义的意识形态、马克思主义的指导方针和中国社会主义特色理论武装大学生头脑。多样性则是根据不同教育对象的要求，丰富并发展主导性的要求，对主导性的发挥起配合和补充的作用。多样性包括内容选择的多样性，教育对象、教育环境的多样性。

主导性是实现多样性的前提，离开主导性的多样性必然导致教育活动的混乱，使日常思想政治教育失去目标和存在的价值基础；多样性是实现主导性的条件，离开多样性必然导致教育活动的僵化，不利于提高大学生思想政治教育的针对性和实效性。因此，创新大学生思想政治教育教学模式就必须注意主导性与多样性的紧密结合，二者缺一不可。

（五）自主性与社会化相统一的原则

大学生思想政治教育教学模式创新要坚持自主性与社会化相统一的原则，主要是基于开展大学生思想政治教育教学的组织而言的。随着社会的发展和进步，对大学生进行思想政治教育教学已经不仅仅是高职院校的责任，更是全社会共同的责任。因此，从这个意义上说，创新大学生思想政治教育教学模式就必须走出学校，走向社会，既坚持自主发展的独立性，又能够融入社会，充分利用社会优秀的育人资源和广阔的育人平台。

大学生思想政治教育教学是高等教育的重要内容。高职院校首先应充分发挥自主性，充分调动一切教育力量，充分利用既有资源，切实增强大学生思想政治教育教学的实效性。同时，高职院校应敞开大门，将大学生思想政治教育教学置于社会系统、环境和平台中，以社会生活的生动素材、经济建设的巨大成果、文化建设的优秀作品教育和引导大学生，努力推进大学生思想政治教育教学工作的社会化发展，充分利用社会力量和社会资源，开创大学生思想政治教育教学的社会化发展局面。坚持自主性与社会化相统一，既有利于高职院校、社会各方形成合力，又有利于直接推动大学生个人发展的社会化进程，这是当前以大学生思想政治教育教学为载体进行大学生人格养成教育的必由之路。因此，自主性与社会化相统一是创新大学生思想政治教育教学模式必须坚守的原则之一。

第三节　高职院校思想政治教育教学模式的创新策略

一、树立大学生思想政治教育教学的现代服务意识

随着改革开放的深入发展，社会经济、政治、文化，以及人们的思想观念等方面已发生了一系列深刻变化，这就要求思想政治教育工作必须通过改革不断适应新的实践的发展。思想政治教育改革虽然取得了一点成就，但仍远远落后于时代发展的需要，出现了思路滞后、方法滞后、内容滞后、观念滞后等一系列问题，严重制约着高职院校思想政治教育的顺利开展和预期效果的实现。在建立社会主义市场经济体制的过程中，高职院校思想政治教育工作面临着前所未有的机遇和挑战。高职院校一方面要抓住机遇，另一方面要主动迎接挑战，努力推动思想政治教育工作的现代化，特别是教育思想观念的现代化。在当前形势下，以市场为导向，树立思想政治教育现代服务意识显得尤为重要。树立现代服务意识

就是自觉摆正思想政治教育的位置，从党的路线方针着眼，经济建设从学生的实际需要出发，真正帮助当代大学生排除人生道路上的障碍，从而使他们积极健康地投入社会生活。大学生思想政治教育教学的现代服务意识应主要体现在以下几个方面。

（一）服务于经济建设，服务于党的路线、方针、政策

服务于经济建设，服务于党的路线、方针、政策是思想政治教育工作的本质，也是其生命力所在。以经济建设为中心是党在社会主义初级阶段基本路线的中心，这就决定了思想政治教育必须为这个中心服务。思想政治教育工作不能游离经济建设这个中心，更不能搞"自我中心"、两个中心或多中心，妨碍和干扰经济建设的发展。思想政治教育工作者必须提高执行党的基本路线的自觉性，强化为经济建设服务的意识，自觉地服从和服务于经济建设。思想政治教育工作只有在经济建设和改革开放的过程中，找到适合自己的位置，才能发挥自己特有的作用，体现自己的价值。

思想政治教育要全力为经济建设服务，这是完全得民心、顺民意的。因此，思想政治教育在行为方式上，要从计划经济条件下的"一刀切、齐步走"中挣脱出来，强化自主性，提高因时因地的针对性。思想政治教育要站在服务于经济建设的位置上。市场经济条件下，应紧紧围绕经济建设大局和党的路线、方针政策而开展高职院校思想政治教育工作，把先进的科学理论和党的路线、方针政策传授给大学生，使他们牢固树立以经济建设为中心的思想观念，正确处理其他各项工作与经济建设的关系，在思想上与党中央保持高度一致，形成促进经济建设的强大合力。这就成为推动市场经济发展的强大动力和有力保证。

（二）服务于大学生基本素质的全面发展和提高

素质教育从人的全面发展出发，认为人的素质不是单一的，而是由多种具体素质构成的，如政治素质、思想道德素质、科学文化素质、能力素质、心理素质等。人的素质是具体素质的统一体，各种素质之间相互制约、相互影响。因此，素质教育要求全面发展和提高人的素质，反对只注意某方面素质而轻视或放弃其他素质的做法。事实证明，如果只注重科学文化素质而忽略思想政治素质，就很难达到真正提高大学生基本素质的目的。毫无疑问，思想政治教育从本质上讲，就是运用科学理论和思想，用科学的世界观和方法论培育人的工作，其主要功能是提高大学生的思想政治素质，进而提高大学生的科学文化素质，充分调动他们学习的积极性、主动性和创造性，增强他们认识世界和改造世界的能力，从而充分发挥思想政治教育在推动大学生基本素质全面发展中应有的服务作用。新形势下，大学生的自我意识、平等意识、民主意识不断增强，这就要求高职院校思想政治教育要不断适应市场经济条件下大学生的心理变化，研究其个性差异，充分尊重大学生的个性，努力发掘大学生个性特征中的"闪光点"。改变过去那种以政治口号强加于人、压制人的发展的做法，在提高大学生思想政治素质的同时，以民主、平等的形式，创造生动、活泼的氛围，既使知识得到快速增长，又促使大学生的心理健康发展。要真正做好思想政治教育服务工作，高职院校思想政治教育工作者必须做大学生的朋友，转换角色，力求赢得大学

生对思想政治教育工作的信任和接受。同时高职院校思想政治教育要贴近实际，寓理于事，让大学生听有所思、学有所得，要善于营造平等交流、以情传理的心理氛围。要论之有据，以平等的态度交流思想，不要指手画脚，将自己的观点强加给学生，以免使学生反感。在重大原则问题保持一致的前提下，对一时统一不了意见的问题要给他们留有思考的空间。高职院校思想政治教育工作者应运用激励机制，最大限度地激发他们积极向上的人生态度和用之不尽的智慧及创造力。市场经济中通行的竞争观念、人才观念、效益观念等被大学生所接受，为思想政治教育提供了新的契机。竞争观念的树立，有利于大学生形成比学赶超的风气；人才观念的强化，有利于大学生增强进取意识、自强意识，促进大学生提高自身素质；效益观念的增强，有利于大学生克服懒惰的心理，努力学习。

　　综上所述，思想政治教育要充分利用市场经济条件下的有利契机，服务于大学生基本素质的全面发展和提高。

（三）服务于大学生的求知欲和解答其思想上的疑惑

　　思想政治教育工作服务于大学生的求知欲和解答其思想上的疑惑，就是满足大学生掌握知识的需要和了解世界的渴求，解答大学生产生的各种困惑。随着改革开放的深入、市场经济的发展、科学技术的进步，面对大量的新鲜事物和复杂多样的信息，大学生的观念、要求、愿望、思维方式和生活习惯等不断发生变化，其求知欲更强，思想上的困惑也更多，这就需要用思想政治教育中包含的科学知识满足他们的一部分求知欲，解答他们思想中出现的一些疑惑。为此，思想政治教育的手段、方法、机制、观念等必须转变，特别是教育者的思想观念必须跟紧时代的步伐，必须准确把握大学生的思想脉搏，否则就会与大学生格格不入，就难以做好他们的思想政治工作。当然，思想政治教育也要有预见性、主动性、超前性，及时消除大学生思想中的错误认识和错误观念。对理论方面的重大问题不能总是低水平重复，要有走向前沿的勇气，要引导大学生研究前沿问题，通过大学生自己的探索，得出正确结论，从而提高大学生的思想认识和政治觉悟。

（四）服务于解决大学生的实际问题

　　思想政治教育是解决人的思想问题的，当前在新旧体制交替、碰撞的过程中，各种热点、疑点和难点问题将不断出现，如果不及时解决，势必影响大学生的情绪，引起其思想波动。因此，思想政治教育工作者一方面要做好思想政治教育工作，帮助大学生正确认识和对待出现的矛盾，以积极的态度克服遇到的实际困难；另一方面，要关心大学生，千方百计为他们排忧解难，使他们感受到关怀与温暖。对一时解决不了的问题，也要做好解释工作；要把解决实际问题的过程变成提高大学生思想觉悟、调动其积极性的过程，以增强思想政治教育工作的感召力和有效性。

二、加强高职院校大学生思想政治教育工作队伍建设

（一）高职院校大学生思想政治教育工作队伍建设的重要性和必要性

首先，高职院校大学生思想政治教育工作队伍是保证高职院校坚持社会主义办学方向，全面贯彻党的教育方针，培养德、智、体、美等方面全面发展的社会主义建设者和接班人的一支不可缺少的重要力量，是学生思想政治工作的组织者和指导者。其次，这支队伍是以马克思列宁主义、毛泽东思想、邓小平理论、"三个代表"重要思想、科学发展观、习近平新时代中国特色社会主义思想为指导，教育和引导大学生树立正确的理想信念，加强思想修养，使大学生成为有理想、有道德、有文化、有纪律的一代新人。再次，从国际国内的现实形势来看，建设好这支队伍也是非常必要的。一方面，随着时代的前进、知识经济的来临和经济全球化趋势，和平与发展是当今世界的两大主题，但是，在国际上各地区、各国家之间的矛盾依然存在，斗争日趋复杂；这个矛盾表现在政治上实际上是霸权主义与国际政治多元化的对立。另一方面，争夺意识形态的阵地的斗争日趋激烈。因此，高职院校大学生思想政治教育工作队伍建设无论从其职责任务，还是从现实形势上看都是一个不容忽视的问题。在高职院校，这支队伍的作用非同寻常，既有重要性，又有必要性，必须引起各级党委和教育主管部门的高度重视。

（二）高职院校大学生思想政治教育工作队伍的建设

高职院校大学生思想政治教育工作队伍经过七十多年的建设，现已趋于成熟，在高职院校教学、科研、管理等工作中发挥了应有的作用。但是随着时代的发展变化，这支队伍出现了一些问题，主要表现在以下三个方面；一是在思想内容上不适应当今世界政治、经济、文化、科技等方面发生的一些新动向。二是在方法手段上不适应目前网络媒体的迅速崛起所带来的新变化。三是从形成机制上不适应高职院校扩大招生、教育大众化趋势、自身发展所引起的一系列新问题所提出的新要求。这三个不适应归结在队伍建设上就是年龄偏大、知识不足且老化、人员不精更不稳、工作方法落后等问题。因此，对高职院校大学生思想政治教育工作队伍建设进行深入思考，有针对性地提出一些新要求是十分必要的。具体要求如下：

1.物质要求

高职院校要从自身的实际情况出发，对大学生思想政治教育工作队伍的建设按照党中央的部署，明确思路、制定计划，其中包括人员选拔、使用、管理、培训以及经费保障、工作目标、设备、手段等各环节。从物质上确保高职院校大学生思想政治教育工作的正常开展。

2.素质要求

这是对大学生思想政治教育工作队伍建设中从事这项工作的人员的素质要求，也就是说要从事大学生思想政治教育工作就要达到相应的要求，这个要求作为标准，必须明确。

例如，从政治素质、思想作风、政策水平三个方面规范要求，使之成为大学生思想政治教育工作者必须达到的条件。另外，还应从个人品行、事业心、责任心、敬业精神、文化修养等方面对高职院校思想政治教育工作者提出较高的要求，使之成为大学生思想政治教育工作者努力的方向和衡量自身工作的标准，从精神上对大学生思想政治教育工作者提出具体要求，以保证高职院校大学生思想政治教育工作队伍建设沿着正确的目标发展。

3. 业务能力的要求

这一要求实际是大学生思想政治教育工作队伍建设物质需要、自身素质需求的具体体现，也是对大学生思想政治教育工作者最重要的要求。如果在这个问题上对大学生思想政治教育工作者的要求不严，或者说没有保障大学生思想政治教育工作者不断提高业务水平的具体措施，那么高职院校思想政治教育工作在错综复杂的国际国内形势面前和现代信息科学技术飞速发展的情况下将显得软弱无力。在现阶段，大学生思想意识不断发生变化，高职院校大学生思想政治教育工作队伍的整体水平和业务能力并没有得到应有的提高，对现实中的热点、难点问题不能答疑解惑，对深层次的问题缺乏认真研究，工作没有实效，针对性不强。这都是大学生思想政治教育工作者业务能力不适应现实要求的表现。因此，不断要求他们加强对马克思主义、毛泽东思想、邓小平理论等党的理论的学习研究，提出符合高职院校大学生思想政治教育工作规律的目标要求，创造必要的条件，给予适当的物质保障，切实提高他们的业务能力和工作水平，在队伍建设中有特殊的意义。

（三）高职院校大学生思想政治教育工作队伍建设的专兼结合问题

在高职院校，大学生思想政治教育工作的专职人员一般是指分管学生工作的党委副书记、"两课部"教师、学团等有关部门及各院（系）部从事党团工作的人员。兼职人员是指既从事教学、科研、管理工作，又兼学生思想政治教育工作的人员。例如，各院（系）部的主任、副主任，各教学班的班主任、年级辅导员、研究生导师等人员。

专兼职结合的大学生思想政治教育工作队伍是我国高等学校长期以来在人员结构方面形成的一大特点。实践证明，没有一支精干、高素质的专职大学生思想政治教育工作队伍是不能做好思想政治教育工作的，但是仅仅靠这支队伍完成繁重的思想工作任务又是远远不够的，因此兼职人员在高职院校大学生思想政治教育工作中的作用是不可替代的。所以，发挥专兼结合的互补优势，对建设大学生思想政治教育工作队伍有至关重要的作用。发挥专职、兼职人员各自的作用应做到以下几点。首先，应当明确专职大学生思想政治教育工作者在高等学校中的地位，要把他们真正作为不可缺少的力量，在工作中使他们与专任教师、科研学术人员处于同样的位置，在政策上要一视同仁。应当创造条件，鼓励他们提高自己。要充分发挥选拔、使用、管理、培训等作用，加强对他们的培养，确保专职大学生思想政治教育工作队伍在高职不被削弱。其次，发挥兼职人员的作用、调动这支队伍做好大学生思想政治教育工作的积极性也是非常重要的。要克服思想政治教育工作与教学、科研、管理"两张皮"的错误倾向，使思想政治教育工作渗透到教学、科研和管理中。因此，兼职人员在高职院校大学生思想政治教育工作中的地位和作用也是十分突出的，应当受到尊重。同时，要建立科学合理的工作量化机制，保证他们既做好教学、科研和管理工作，又做好学生的思想政治工作，使之成为既教书又育人的专家。

总之，专职队伍与兼职队伍在高职工作中实际上是相辅相成的关系，而不是主次关系，不存在谁轻谁重的问题。正确处理二者的关系，使二者结合起来，形成合力，不仅是高职院校大学生思想政治教育工作队伍建设中的一项重大课题，而且也是做好高职院校大学生思想政治教育工作的组织保证，同时又是党在高职工作的侧重点，应当在实际工作中加以认真研究和高度重视。

三、新形势下的高职院校教师职业道德建设

我们必须全面贯彻党的教育方针，坚持教育为社会主义服务，为人民服务，坚持教育与社会实践相结合，以提高国民素质为根本宗旨，以培养学生的创新精神和实践能力为重点，努力造就"有理想、有道德、有文化、有纪律"的德、智、体、美等方面全面发展的社会主义建设者和接班人。实施素质教育，首先要建设一支适应21世纪需要的高素质的教师队伍，而教师队伍建设的关键在于：加强教师队伍的思想道德建设，其中教师职业道德建设在新形势下无疑具有特别重要的意义。教师的职业道德素质决定着教师能否担当起振兴21世纪中国教育的历史使命，关系着"科教兴国"战略的实施和中华民族的伟大复兴，也关系着我国社会主义事业的兴旺发达。

当今世界，科学技术突飞猛进，国力竞争日趋激烈。站在时代的高度，我们已经清楚地看到，综合国力的竞争越来越表现为经济实力、国防实力和民族凝聚力的竞争。但无论从其中任何一个方面的实力增强来看，教育都具有基础性的地位。教育是知识传播、应用和创新的重要基地，也是培育创新精神和"四有"人才的摇篮。无论在培养高素质的劳动者和专业人才方面，还是在提高创新能力和提供知识、技术成果以及增强民族凝聚力方面，学校教育都具有独特的重要意义。

振兴民族的希望在教育，振兴教育的希望在教师。教师在教育的发展中起着不可替代的作用，要从振兴民族、振兴教育的高度认识教师的地位和作用。各国之间的经济、综合国力的竞争，在很大程度上是人才素质的竞争，是教育的竞争。实现我国社会主义现代化建设的战略目标，从根本上说要依靠科学技术的不断进步和全体公民素质的不断提高，而发展科学技术和提高国民素质的关键还在教育。进入21世纪后，随着我国社会主义现代化建设和教育事业的新发展，教师职业的重要意义将会更加突出地显示出来。邓小平同志曾对教师在教育中的重要作用做出了高度评价，他指出："一个学校能不能为社会主义建设培养合格的人才，培养德智体全面发展、有社会主义觉悟的有文化的劳动者，关键在教师。"教师是履行教育教学职责的专业工作者，是培养人才的园丁，是科学文化知识的传播者，是人类灵魂的工程师。在我国，教师承担着教书育人，培养社会主义事业的建设者

和接班人，提高民族素质的重要使命。教师是党和国家教育方针的具体执行者，在教育教学活动中，教育方针能否贯彻，培养目标能否实现，教师起着主导作用。教书育人是教师的根本职责，教师要寓德于教，为人师表，使学生在德、智、体、美等方面得到全面发展。

新世纪的到来对教师职业道德建设提出了新的要求，如何进一步加强师德建设，使其适应新形势、新任务的要求，是摆在学校面前的一项紧迫而重要的任务。就高等学校教师队伍的现状来看，一大批青年教师正在成长，更可喜的是相当一部分青年教师已成为教学骨干和学科带头人，有些还担任学校各级领导岗位，他们具有美好的理想和崇高的信念，是 21 世纪中国高等教育发展的有生力量和希望所在。但也应当看到，青年教师也有某些弱点，他们"实践经验较少，不大熟悉中国国情和中国人民奋斗的历史"。其中，职业道德方面的问题在一部分青年教师中的表现比较突出，需要通过思想政治教育和师德建设的途径加以克服和改进。

我国古代著名教育家孔子说，"其身正，不令而行；其身不正，虽令不从"，"不能正其身，如正人何"。法国教育家卢梭也对教师的表率作用做出过精辟的论述，他说："你要记住，在敢于担当培养一个人的任务以前，自己就必须要造就一个人，自己就必须是一个值得推崇的模范。"可见，作为一名合格的教师，除了要具有较强的业务素质外，良好的职业道德也是一个不可或缺的重要因素。爱因斯坦曾经说过："第一流人物对于时代和历史进程的意义，在其道德品质方面，也许比单纯的才智成就方面还要大。即使是后者，它们取决于品格的程度，也远超过通常所认为的那样。"教师的职业道德水平，不仅影响着教师个人的成长和教育教学成果的取得，而且在总体上影响着一个国家教育事业的发展。

在我国改革开放和发展社会主义市场经济的新形势下，教师在学校改革发展和培养人才中起主导作用。培养高素质人才必须要有高素质的教师，教师的职业道德水平不仅反映着教师队伍素质的高低，而且直接影响学校教风、学风、校风建设和教学质量的好坏。因此，要把加强教师特别是青年教师的职业道德建设作为师资队伍建设的重点环节。改革开放四十多年来，我国高等教育事业得到了前所未有的发展，形成了一支结构比较合理，忠诚党的教育事业，敬业爱岗、求实进取、乐教重教、热爱学生的教师队伍。

但是在市场经济相对开放的历史条件下，社会上一些消极的东西也影响着高职院校教师队伍，在一部分教师中存在着一些不容忽视的问题。

一是理想不够明确，信念不够坚定。在市场经济大潮的冲击下，有的教师淡化了对崇高理想的追求，对马列主义信念产生动摇，明辨是非的能力降低。因此，在向学生传授知识的同时，不能正确引导学生树立正确的世界观、人生观和价值观，甚至个别教师还在课堂上发表一些偏激、错误的观点，给学生思想造成混乱和困惑。

二是职业满意度下降，集体观念淡薄。古往今来，社会称赞教师是"人类灵魂的工程师"，捷克教育家夸美纽斯曾把教师职业誉为"太阳底下最高尚的职业"。可见，教师是最崇高而神圣的职业。由于我国至今还存在分配上的倒挂现象，在市场经济条件下，一些文化程度不高的人经济收入大大高于教师，从而使部分教师职业满意度降低，职业荣誉感减弱，没有把全部精力投入到教书育人中。

三是奉献敬业精神不强，价值观取向倾斜。在市场经济条件下，部分教师在付出与索取、理想与现实的矛盾中陷入误区，表现为片面追求个人利益的最大化。有的教师在校外大量兼课、兼职，终日埋头于第二职业，无暇顾及本职教学，无力进行教学内容的更新和新知识的补充，严重影响了教学质量，缺乏爱岗敬业、无私奉献的精神。

四是自身缺乏修养，为人师表形象欠佳。众所周知，在教育教学活动中，教师的思想道德、治学态度、行为习惯，对学生起着直接影响和感染作用。一个品德高尚、学识渊博、以身示教的教师，不仅能直接为学生提供效仿和学习的榜样，而且对学生世界观、人生观和价值观的养成起着潜移默化的影响。但一些青年教师则忽视了自身形象，治学态度不严谨，备课不认真，讲课时文不对题。有的忙于第二职业，上课无精打采，衣冠不整；有的不能以身作则，上课迟到早退等。这些有悖于教师道德的行为，严重损害了教师的职业形象。

所有这些问题的存在，影响了教师队伍素质的提高和高等教育事业的发展。因此，我们要从振兴民族、振兴教育的高度认识教师职业道德建设的重要地位和作用，要把教师，特别是青年教师的职业道德建设作为提高教师队伍素质，加强教师队伍建设的重点环节落到实处。

教师职业道德的特点，市场经济条件下经济成分、经济利益、生活方式、就业形式的多样化，以及社会生活中出现的自由主义、拜金主义、享乐主义、极端个人主义等腐朽思想的消极影响，决定了从事教师职业的知识分子必须具有较高的职业道德修养，即热爱教育，献身教育，热爱学生，诲人不倦，教书育人，循循善诱，勤奋学习，钻研业务，以身作则，为人师表，团结协作，共同进步。

高职院校教师职业道德建设应着力抓好以下几个环节。

第一，加强马克思主义理论和职业道德基本知识的学习。学习马克思主义的科学理论和职业道德基本知识，是教师职业道德建设的理论基础。只有马克思主义的科学理论和职业道德基本知识，才能从理论上明确为什么这样做和应该怎样做的道理，加深教师对社会主义职业道德的理论、原则和规范的理解，使教师明确职业道德建设的目标，把握职业道德建设的标准，进而提高教师职业道德建设的自觉性。一是重点学习党的各代领导人对教育知识分子问题的论述，学会运用马克思主义的立场、观点和方法观察问题、分析问题和处理问题，树立正确的世界观、人生观和价值观。二是学习党的路线、方针和政策，加强对党的政策的理解，提高自己对培养社会主义事业接班人的责任感。三是学习《教师法》，正确处理待遇与工作态度的关系，发扬为社会奉献的精神，努力培养勤奋严谨、献身真理的治学态度和耐得住寂寞的优秀教育品质。

第二，积极参加社会实践活动，增强教师的社会责任感。社会实践是人的正确思想的源泉，也是孕育人们高尚品德的基础和检验道德修养好坏的唯一标准。因此，积极参加各种社会实践，在教育实践中磨炼自己的品德，是教师职业道德建设的根本途径和方法。为此，学校要为教师创造更多的接触社会、了解民情、熟悉国情的机会和条件。例如，学校组织教师进行社会考察、参观访问，带领他们到工厂和农村参加社会实践等，使他们在社会的大课堂中开阔眼界，转变观念，使自身价值与社会价值相吻合，克服自己的不足，增强社会责任感，并自觉地用正确的思想认识和自身的表率作用教育和感染学生。

第三，开展职业道德评价，严于剖析自己。所谓职业道德评价，是人们在职业生活中根据一定的职业道德标准，对自己和他人的职业行为做出的善恶判断。教师职业道德评价，是对教师职业行为依据是否有利于社会主义教育事业这一标准进行评价。只有通过职业道德评价，教师才能深入到自己的内心世界，分清哪些职业行为体现了优良品德，哪些职业行为缺乏职业道德，并以此矫正自己的行为，养成良好的道德品质。经常开展批评和自我批评是教师进行职业道德建设的重要方法，教师应该善于剖析自己的思想和言行，清醒地认识自身存在的弱点，保持道德的纯洁性。

第四，提高精神境界，努力做到"慎独"。"慎独"就是在无人监督的情况下，自觉遵守道德规范的一种能力，它既是道德建设的一种方法，又是一种崇高的道德境界。教师职业的特点之一是个人独立工作，这就要求在职业道德建设方面必须提倡"慎独"，自觉地遵守职业道德规范，防微杜渐，以对党和人民高度负责的态度，认真做好教书育人工作。

第五，学习楷模，不断激励自己。以革命前辈和英雄模范人物，特别是优秀教师为榜样，学习他们的高尚品德，学习他们身体力行、自觉提高修养的精神，这也是教师职业道德建设的有效方法。列宁说过，榜样的力量是无穷的，它给人以鼓舞，给人以教育，给人以鞭策。道德思想或思想人格是抽象的，它总是在伟大人物和先进分子身上表现出来。理想人格的表率作用和巨大感召力，起其他教育形式起不到的作用。在新的历史条件下，高职院校教师应自觉地以老一辈革命家、英雄模范人物为道德楷模，从他们的身上汲取营养，通过内心的消化和吸收，不断提高自己的职业道德水平，为新时代社会主义教育事业的发展做出应有的贡献。

第六章　高职院校专业理论课课程思政研究

高职院校专业理论课"课程思政"是思想政治教育与专业理论教育的高度融合，是提升高职院校人才培养质量的前提和根基。目前，高职院校专业理论课课程思政体系的构建虽取得了一定成绩，但在专业理论课"课程思政"开展过程中，仍存在一些问题需要我们继续钻研。

第一节　"课程思政"的内涵及意义

2016年，中共中央、国务院印发《关于加强和改进新形势下高校思想政治工作的意见》（中发〔2016〕31号），提出"挖掘和运用各学科蕴含的思想政治教育资源"。2019年2月，《国家职业教育改革实施方案》第19条提出"各类课程与思想政治理论课同向同行"；同年8月，中共中央、国务院印发《关于深化新时代学校思想政治理论课改革创新的若干意见》，强调"落实立德树人根本任务"。2020年4月，《教育部等八部门关于加快构建高校思想政治工作体系的意见》（教思政〔2020〕1号）提出"统筹课程思政与思政课程建设，构建全面覆盖、类型丰富、层次递进、相互支撑的课程体系"；同年5月，教育部在《高等学校课程思政建设指导纲要》中提出"将价值塑造、知识传授和能力培养三者融为一体"，"发挥好每门课程的育人作用，提高高校人才培养质量"。上述文件表明，党和国家对"课程思政"建设的要求越来越明确，改革力度越来越大，"课程思政"教育改革势不可挡。但是专业理论课"课程思政"取得成绩的同时还存在着一些问题。例如，思想政治教育与专业理论课教育相分离，专业理论课如何"守好一段渠、种好责任田"，仍是每个专业理论课教育者需要深思的问题。

一、"课程思政"的内涵

"课程思政"中的"思政"是思想政治教育，"课程思政"是指借助特定课程对学生开展思想政治教育的实践活动。"课程思政"不是新增课程或新增活动，而是一种课程观，是通过优化教学方案，把思想政治教育内容融于各类课程的各环节、各方面，把思想政治教育贯穿教学全过程。"课程思政"是思想政治课程的拓展和延伸，其目的是让全体非思想政治课教师勇挑思想政治重担，让各类课程与思政课程同向同行，协同育人。

高职院校育人工作必须承担立德树人的重要使命，承担培养中国特色社会主义建设者和接班人的重要责任。高职院校各专业推进实施，把教书育人落到实处，有利于坚定社会主义办学方向，有利于实现中国特色社会主义办学基本要求，有利于实现社会主义高职院校培养目标。

二、"课程思政"的意义

（一）实现立德树人这一根本任务

"立德树人"是教育的根本任务，是对中国传统德育的继承，也是新时期中国特色社会主义建设的要求。为实现中华民族伟大复兴的中国梦，中国各类大学肩负着输送高素质人才的重要责任。"立德树人"是一个有机的整体，是高职院校教学的核心，也是高职院校教育教学的根本任务。实际教学中，高职院校专业理论课程教学引入"课程思政"理念，可以使教师在对专业理论知识进行系统讲解的过程中，注重专业理论知识的价值导向，增强学生对国家、民族、社会等各方面的责任感，培养学生形成良好的思想素质和健全人格。教师更好地完成传道授业解惑的使命，促进学生健康成长，实现立德树人、育人成才的目标。

（二）实现全员育人

"育人"是全体教师的责任，学校要做到全员育人，就必须充分发挥教师的积极性和主动性。高职教师既是学生知识技能的传授者，又是学生成长的引导者。教师的讲授和观点对学生的思想行为产生重要影响，可见教师是实现全面育人的关键。新时代背景下，"课程思政"理念的提出，要求全体教师承担起思政育人的责任。因此，思政教育不再是思政教师的个人责任，而是由全体任课教师共同担起的教育重任。高职院校要积极落实全员育人，切实发挥课堂育人的作用。"课程思政"在专业理论课教学中的应用，可以提高专业理论课教师的育人能力，促进专业理论课教学的可持续性发展。

第二节　高职院校专业理论课"课程思政"存在的问题

一、"思政教育"与专业理论教育不能有机融合

高职院校教育偏重培养技术技能型应用人才，往往更加注重专业理论教育，忽视思政教育。有些高职院校在课程体系、教学资源、教学条件及师资团队等建设方面，存在思政课与专业理论课各行其是、互相分离的问题。有些高职院校对"课程思政"认知程度低，思政教育形式较落后，思政课和专业理论课教师协同育人的合力不足，未能创造良好的思

收教育生态，不利于高职院校思政教育的有效开展。

二、专业理论课思政元素挖掘尚不到位

思政元素与专业理论课课程内容的融合度直接决定了课程教学育人目标的实现，两者融合度越高，课程育人效果就越好。但目前高职院校专业理论课对思政元素的挖掘还不到位，还未做到依据课程类型和特点，精准地提取专业理论课中所蕴含的思政元素。专业理论课教师只是将一些和课程内容不太相关的思政元素生硬地纳入教学中，这既打破了完整连贯的课程体系，又不利于课程教学的组织实施，思政教育目标难以实现。

三、专业理论课教师思政水平有待提高

高职院校专业理论课教师的重视程度不够，总体思政水平有待提高。一方面，认识不到位。有些专业理论课教师对课程本身所蕴含的思政元素认识不充分，对专业理论课在学生思政教育中的地位把握不准；有些专业理论课教师把思政教育当成政治说教、国家政策的宣传，认为开展思政教育既费时又无价值；还有些专业理论课教师认为思政教育与自己无关，导致教书和育人相分离。另一方面，实践运用不到位。有些专业理论课教师不能将所挖掘的思政元素巧妙与实际教学相融合，导致有明显的痕迹；有些教师在教学中对学生的思政教育不能贯穿始终。

四、思政元素传递过于僵硬

"课程思政"的实施需要采用含蓄、委婉、隐蔽的方式逐渐将所授课程的思政元素无形渗透给学生，使学生在不经意间受到教育，从而提高其思想道德素质。在实际教学中很多专业理论课教师"为了课程思政而课程思政"，思政元素内容生硬，传授方式简单粗暴，导致学生对思政教育不买账，很容易产生抵触情绪。

第三节　高职院校开展专业理论课"课程思政"的对策

一、根据自身特点做好顶层设计

高职院校领导层面要高度重视，立足学校实际，加强顶层设计，为思政教育与专业理论教育有机融合提供保障。首先，学校层面形成课程思政体制，制定整体推进制度，确立目标要求和考核评价标准，在制度上对课程思政的实施给予保障、鼓励和支持。其次，以立德树人为根本宗旨，搭建"大思政"宣传教育框架，系统设计"三全育人"（即全员育人、

全程育人、全方位育人）体系，实现"三全育人"战略目标。第三，在全校营造"课程思政"良好氛围，利用各种方式开展师德模范、"课程思政"示范课、典型育人案例的宣传活动，或举办课程思政主题大会，聘请思政教育专家举办讲座。通过这些举措让"课程思政"深入人心，营造思政教育与专业理论教育相融合的教学氛围。

二、专业理论课程思政元素的深挖与融合

高职院校各专业理论课程尽管承载内容不同，但都具备思政教育功能。要充分发挥各课程的思政教育作用，就要深挖各课程蕴含的思政元素。一方面，各专业可结合本专业特点对各门课程开展"课程思政"集体备课，深度剖析各课程的教学内容，根据"课程思政"建设重点和目标要求，甄选融入课程教学的思政元素。另一方面，要积极推动各专业理论课程之间思政教育内容的衔接、融合与贯通，实现各专业理论课程思政内容的交叉渗透和协同共振，着力提升课程思政的育人实效。

三、提升各专业理论课程教师思政水平

教师是课堂教学的重要因素，提升各专业理论课教师思政水平是做好思政教育的关键。首先，高职院校提升专业理论课教师课程思政意识。通过加强对专业理论课教师的思政理论教育，引导其提升自身政治理论修养，有意识地规范自身言行，以德立身，以德施教。其次，提升专业理论课教师的"课程思政"能力。一是建立完善的培训制度，定期和不定期地开展教师"课程思政"能力培训，让专业理论课教师熟悉并掌握思政教育内容与话语体系。二是提升对专业理论课"课程思政"元素的挖掘能力及与专业理论知识的对接和融入能力，无论是教学设计、案例引入，还是选择教学手段，都能将思政内容传递给学生。三是增强教师将思政教育贯穿始终的执行力，避免出现思政教育中断的情况。四是提升专业理论课教师网络媒体运用能力。网络媒体的快速发展给教育带来了很大的冲击，教育技术、思想和理念都在变革。专业理论课教师要紧跟时代步伐，自觉、主动学习新技术，将网络媒体与"课程思政"有机融合，提升思政教育的新颖度。

四、拓宽课程思政的渠道

专业理论课教师要拓宽"课程思政"渠道，以多种方式开展"课程思政"。首先，利用好课堂教学主渠道。专业理论课教师要优化课堂教学方法，增强课堂教学吸引力和感染力。例如，通过讲解故事、叙述历史、介绍人物等展现工匠精神，激发拼搏意识；通过论辩，开拓学生思路，启迪学生思维。其次，要充分利用好第二课堂。教师要将"知与行"有机结合，充分利用社会实践、志愿服务、实习实训等第二课堂中所蕴含的思政教育元素，让学生在真实情景中接受思想教育。最后，运用网络渠道。网络给我们带来了很大的便利，

教师要充分利用网络渠道的优势，为"课程思政"增添活力。例如，利用网络学习平台、微博、微信公众号等给学生发送一些思想政治教育资料，以丰富课堂内容，效果也会比教师单纯讲解更好。

第四节　高职院校专业理论课"课程思政"的建设

价值引导的主战场是课堂，每个教师都承担着立德树人这一根本任务，教师培养学生形成正确的认知和价值取向，因此，加强高职院校"课程思政"建设有其紧迫性和必要性。高职院校要落实立德树人这一根本任务，必须将价值塑造、知识传授和能力培养三者融为一体。高职院校的课程多数是专业理论课程，专业理论课程教学是"课程思政"建设的主要依托。因此，本节从理清建设思路、提高师德修养、构建课程思政体系、完善课程大纲、加强学情分析、挖掘育人要素、做好教学实施和教学评价等方面，探讨高职院校专业理论课"课程思政"建设的路径。

一、理清建设思路

高职院校专业理论课"课程思政"建设，要遵循以下思路展开：理论研究、学习宣传、全面推进、资源建设、师资队伍和应用推广等。

要加强对立德树人、"课程思政"等问题的理论研究，明确其内涵、策略和方法。在高职院校教师中广泛宣传，让所有教师都知晓、学习相关理论知识，并促进交流。"课程思政"不是针对某一门课，而是针对所有课程，因此要全面推进课程建设，构建高职院校教书育人的良好生态系统。在全面推进的同时，可以分层推进。首先，重点建设一些核心课程和示范课程，起到引领示范的作用。在课程资源建设方面，不同课程的资源不同，同类课程可以共通、共享资源，同时注意各自的特色。对高职院校来说，要关注行业的前沿信息和动态，并及时融入课程。教书育人的载体是课程，实施主体是教师，教师是实施教书育人的关键。推进"课程思政"工作，要在教师德育意识的强化和价值教育能力的增强上下功夫。在师资队伍建设方面，为了使课堂更具吸引力，要定期开展对中青年教师教育教学能力的培训和研讨工作，着力探究教师如何在课堂挖掘育人元素，增强课堂的生动性、有效性和教学效果。教师在听评课时要注重课堂本身是否关注了三维目标，是否达到了教书育人的目的。在"课程思政"建设中，教师要善于总结经验，形成相应范式，扩大示范推广范围，增强影响力。

二、提高师德修养

"教育者先受教育"，要引导教师把教书育人与自我修养相结合，真正做到以德立身、以德立学、以德施教，这是"课程思政"的关键点和难点。教师只有做到政治认同、政治定力、政治担当，才能承担立德树人的根本任务。因为，学校"课程思政"建设工作的主要实施者是教师，所以要对学生进行"三观"教育，教师首先要"三观"正确、信念正确、积极上进、敬畏规则、遵法守德、充满正能量。在身正的同时，教师的学识还要渊博。"课程思政"建设对专业理论课程教师提出了更高的要求，教师不仅要精通本学科的知识，还要了解与本学科相关的政治、历史、法律、道德、文化等知识。教师的知识结构要合理，具备扎实的专业基本功、较高的修养和较强的教育教学能力。在日常生活中，教师的言行举止和仪容仪表要符合教师的职业要求。要想教育有温度、有情怀、有人性，教师就要有仁爱之心，在工作、学习、生活中要关心、关爱学生。教师要有强烈的德育意识，由授课教师成长为教育工作者。总之，教师要牢记"育人先修己，教书必育人"的道理。

三、构建"课程思政"体系

高职院校各专业都有自己的人才培养目标，其中既有专业理论教学目标，又有学生思想品德目标。高职院校为了实现人才培养目标，设计了层层递进的课程体系，有共同课、专业基础课和专业课。但一些高职院校对专业人才的思想品德目标却缺少规划和系统设计，随意性较强，因此高职院校要做好"课程思政"的顶层设计，探索实施"课程思政"的形式、方法和载体，各学科之间思政内容相互支持，逐级递进与深化，最终构建成类型丰富、相互支撑、层层递进的"课程思政"体系。总之，做好"课程思政"的顶层设计，有助于构建"课程思政"体系，把立德树人真正落到实处。

四、完善课程大纲

"课程思政"是全链条、全环节的，贯穿所有教学环节。首先，课程设置既要紧紧围绕人才培养方案，还要符合行业需求。其次，课程大纲一定要有"三维目标"，严格按照"三维目标"制定和修改完善课程大纲和课程标准。同时，"三维目标"要完整，不仅要有知识与能力、过程与方法，还要有情感态度与价值观。最后，情感价值目标要与专业理论知识有机融合，要与学生的现实生活相联系。课程有了明确的"三维目标"，教师授课就有了方向。

五、加强学情分析

教书育人，首先要了解学生的学习方式、知识基础、认知能力、行为习惯等，所以要加强学情分析。如果没有学情分析，教师就无法了解学生每天看什么、听什么、想什么、关注什么，在课堂中讲授的知识或进行的思政教育很有可能是"空对空"的，没有实效性。习近平总书记指出："一种价值观要真正发挥作用，必须融入社会生活，让人们在实践中感知它、领悟它。要注意把我们所提倡的与人们日常生活紧密联系起来，在落细、落小和落实上下功夫。"以生活中的实际例子或学生平常生活中遇到的问题为切入口，以学生主流的一些思想或想法、行为习惯和当下的形势引出所要讲授的课程知识，比直接讲课程本身系统的知识更容易被学生接受。

在教育教学中，一些教师往往会把自身经验、经历、想法、思维方式强加给学生，忽略学生的认知和经历。其实他们读过的书、走过的路、遇到的人和教师是不同的。因为，生活的时代不同，经历不同，对具体事情的看法和认知也是不同的。高职院校教师要做好教育教学，就要了解学生，了解每个学生的特点和不同学生之间的差异。分析和掌握学生的生活习惯，利用他们所关注的东西，进行教育教学，这样才能取得良好的育人效果。

六、挖掘育人要素

充分挖掘育人要素应从两个方面入手：一是挖掘课程本身蕴含的思想政治教育素材，并融入教学各环节；二是通过一定的教学方式，将知识体系之外的思想政治教育素材有效融入教学过程，使两者有机结合，实现育人目标。育人要素在不同专业、学科和课程中有不同体现，所以挖掘育人要素可以从多个角度，通常可以从人和专业等方面着手。

（一）人的角度

教师的信仰追求、敬业精神、生活态度、思维方式、遵纪守法、言行举止、课堂管理；学生的积极向上、团结友爱、互帮互助、协同合作；行业中能工巧匠的勤思好学、细致严谨和迎难而上的执着精神；优秀校友的创新创业事迹。利用这些学生看得见、摸得着的育人元素，对学生进行思想价值的引领，会取得事半功倍的效果。

（二）专业的角度

专业理论课程是"课程思政"建设的基本载体。要深入梳理专业理论课教学内容，结合不同的课程特点、思维方法和价值理念，深入挖掘专业理论知识体系本身蕴含的思想政治教育元素，有效融入专业理论教学，增强学生的专业认同感、职业精神和社会责任感，激发学生的内在学习动力，提高专业教学质量。不同专业有不同的特点，思政元素的挖掘难度也不同。我们要善于从行业、产业元素中挖掘育人素材，从学科专业理论知识与教材梳理中挖掘育人元素。

当然，无论从哪个角度出发，对育人要素的挖掘都要恰如其分，不能过度。

七、做好教学实施

教学实施即课堂教学，不要把"课程思政"简单地理解成"课堂思政"，"课堂思政"只是"课程思政"的一个环节。在课程实施环节，要想打动学生，培养学生正确的"三观"，就要让学生有真切体验。为此，高职院校教师要倡导情境教育，让学生在情境中体验，在体验中移情，在移情中内化。这种体验式的教育比单纯说教要有效。创设情境有多种方式，如故事、案例、视频、图片和带领学生深入行业一线。无论采用哪种方式，教学内容都要与专业理论知识和专业发展密切相关，而不是抽象地教育。

课堂有吸引力，思政教育才有影响力。如果课堂不能很好地吸引学生，教师所讲知识不能激发学生的学习兴趣，那么，"课程思政"就难以达到理想的效果。如果课堂没有吸引力，就很难打动学生，所以要有温度与情怀，要发自内心地关心、关爱学生，达到"亲其师，信其道"的效果。

"课程思政"的前提是专业理论知识的传授。"课程思政"不能脱离专业自行其道，应该自然融入教学知识点中，既完成教学内容，又使学生于潜移默化中接受思政教育，同时促进专业理论知识的学习。知识与能力和素养密不可分，唯有如此，思政才能通过课堂影响人、感染人、打动人，最终成就人。

八、做好教学评价

高职院校要做好教学评价，首先要建立以"课程思政"为核心的新的评价体系。围绕课程育人目标，以立德树人为出发点、聚焦点和着力点，从理论认同、情感认同、实践认同等不同层次，从师与生、教与学、学与用、知与行等维度，科学评估"课程思政"的育人效果。新的课程评价体系要能真正突出育人导向、监督育人过程和检验育人效果。

教学评价的标准应有以下内容：

理念先进，目标完善；思路清晰，设计新颖；方法恰当，引导有效；资源丰富，技术融合；选材得当，分析透彻；内容丰富，学术性强；紧跟业态，常讲常新；环环相扣，逻辑性强；语言精练，准确生动；富有激情，气氛活跃；批判质疑，参与度高；教学相长，持续改进。

建立真正体现以立德树人为核心的课程评价体系，是做好课程教学评价的基础。有了好的评价标准，才能更好地激励教师积极投身"课程思政"实践。

总之，高职院校专业理论课"课程思政"建设是一项永远在路上的工作，我们需要做好顶层设计和规划，持续不断地推进所有课程同向而行，并加以引领，持之以恒地推进课程思政改革试点，加大试点力度和推进的宽度，实现全员、全程、全方位育人；努力做到目标明确、矢志不渝、因时而进、因势而新，不断提升思想政治教育的亲和力和针对性；真正满足学生成长发展的需求和期待，最终形成学校教书育人的良性生态系统。

第五节　高职院校专业理论课教学中的隐性德育开发

德育包含显性德育和隐性德育两个方面，目前我国高职院校德育教学工作以显性德育为主，隐性德育教学效果有待强化。针对隐性德育的不足，本文通过对专业理论课教学中隐性德育开发的必要性进行分析，探讨从教师的言传身教，学生的实践锻炼，教学环境的优化，教学评价的科学建立四个方面实现专业理论课教学中隐性德育的开发，以增强教学效果，培养高素质、全面发展的人才。

高职院校承担着培养德、智、体、美、劳全面发展的高素质应用型技术人才的重任，立德树人是高职院校提高教育质量的关键。立德树人，德育为先。德育是一个复杂且有很强融入性的教育过程。高职院校要想做到全员、全方位、全过程育人，除了发挥传统德育课程的主渠道作用之外，还要加强对专业理论课教学中隐性德育价值的挖掘和开发。只有这样才能实现显性德育和专业理论课教学中隐性德育的有机融合，才能丰富高职院校的德育内涵，这对构建高职院校德育教学共同体，真正实现立德树人这一目标具有重大意义。

一、隐性德育的内涵及特征

德育是整个教育的灵魂，可以分为显性德育和隐性德育两个方面。相对于直接的显性德育而言，隐性德育是指间接的、隐含的德育方式。对隐性德育的研究起源于西方对隐性课程的探讨。1968年，美国教育家、社会学家P.W.杰克逊在著作《课堂生活》中首次提出"隐性课程"的概念。随后，学界对隐性课程和隐性德育展开了各种研究，但学界对于隐性德育的定义却没有统一的界定，不同学者从不同视角有不同的观点，有的人从静态视角认为隐性德育是一种德育因素，还有的人从动态视角认为隐性德育是一种教育方式。本文对隐性德育的定义引用以下这一说法：隐性德育是教育者根据特定社会和教育对象的需求，遵循品德形成规律，自觉在教育对象周围设置某种生活环境和文化氛围，在受教育者积极主动的参与中，通过活动诱导、环境浸润、人格熏陶等使受教育者得到情感的陶冶、心灵的感化和行为的启发，从而发展受教育者的思想、政治、道德等素质的教育活动。隐性德育是一种无形的、间接的教育形式，具有以下几个方面的特征：

（一）德育理念中强调人的主体性

传统的显性德育以教师为主体，忽视学生的主体地位，不能很好地激发学生自我教育的能力，往往达不到理想的德育实效。隐性德育坚持以学生为本的教育理念，尊重学生的需要，以学生为中心开展教学活动，充分考虑学生的层次性、差异性，使学生在无形中体悟到道德的内涵，增进了道德情感，提高了道德素养。显性德育注重理论知识的直接灌输，缺乏合理、有效的价值引领，缺乏创新思维，难以激发学生的热情和积极性，影响教学效果的实现。隐性德育倾向于隐藏教育目的，发挥受教育者的主观能动性，让其在体验中感悟道德真谛，激发学生内在德行的成长。

（二）德育过程中注重实践和对话

在传统的显性德育中教师往往处于主体地位，教师和学生之间是教化与被教化的关系，不利于学生自主能力和综合素质的培养。但在隐性德育中，教师和学生之间呈现出"双主体"的地位，他们民主平等地参与相关实践。在实践中，隐性德育注重交流和对话，实现教师主导性和学生主体性的统一，通过引导、参与、感悟、陶冶等方式使学生真正获得内心的成长。教师作为引导者，在具体情境中增加学生的情感体验，使学生不断认同德育内容并内化为自身的价值观，真正做到教书和育人相结合，实现教化向内化转换。

（三）德育效果具有稳定性和持久性

隐性德育是一个长期的逐渐内化的过程，一方面，隐性德育依靠的是专业理论教师、人文环境、行业榜样等德育载体。这些载体形式是相对固定不变的，影响力具有稳定性。另一方面，隐性德育强调在学生的日常学习生活中潜移默化地引导，关注学生自身的需求，通过良好氛围的营造和教学设计的优化，让学生在不知不觉中接受教育，并且内化为自己的道德品质。这种主动接受并内化的道德品质具有稳定性和持久性，对受教育者的影响也会更加深远。

二、高职院校专业理论课教学中隐性德育开发的必要性

（一）增强高职院校德育实效的需要

习近平总书记指提出："要坚持把立德树人作为中心环节，把思想政治工作贯穿教育教学全过程，实现全程育人、全方位育人，努力开创我国高等教育事业发展新局面。"长期以来，作为大学生思想政治教育主渠道的德育课程，虽然在培养学生良好的道德品行方面发挥了重要作用，但由于忽视了学生的主体地位，导致思想政治课的感染力和亲和力不强，德育课程往往变成教师的独角戏，影响了德育的实效性。而专业理论课教学本身蕴含着丰富的德育资源，教师可以充分利用条件开展隐性德育教育。隐性德育能够育人于无形之中，并且比较容易被学生接受，学生不会有很强的抵触情绪。将德育课程与专业理论课程中的隐性德育相融合，有利于形成高职院校德育合力，形成高职院校德育的协同育人机制。

（二）符合高职院校特色的需要

高职院校的主要任务是培养高素质的应用型人才，具有职业性和实践性两大特色。一方面，高职院校为了让培养出来的人才更适应社会和市场的需要，除了注重职业知识和职业技能的培养外，还注重现代职业理念和职业操守的培养。只有在专业理论课教学中有效地开发隐性德育，才能提高学生的职业道德和职业素养，才能更好地支撑他们的专业发展。另一方面，实践性是高职院校的另一个特色。实践性教学在高职院校课程中占有很大的比例，只有在实践教学中融入德育，让爱岗敬业、诚信意识、奉献社会等职业精神在学生的实践中生根发芽，才能增强学生的职业认同，提高其职业道德素养。

（三）适应高职院校学生个性特征的需要

高职院校的学生相对其他本科院校的学生来说具有独特的心理特点。他们基本是"00后"且大多是独生子女。他们作为网络的"原住民"，思维活跃，独立意识强，崇尚自由，

容易受到网络时代不良文化的影响。同时，在现行的教育选拔机制下，高职院校学生的基础相对薄弱，存在对自己的专业和学校的认同感不强、学习动力不足、更为敏感和脆弱等问题，因而不论在学习还是生活中内心更渴望被理解和认可。这要求德育工作者转变观念，不能把道德知识的学习等同于技能训练，要充分了解学生需求，把学生看作德育的主体，从制度设计到专业理论课程教学再到校园文化建设都要凸显学生的主体性要求，通过含而不露的隐性德育方式，让学生自己去体验感悟，以促进其道德发展和人格提升。

三、高职院校专业理论课教学中隐性德育的开发途径

（一）重视专业理论教师的言传身教，树立良好榜样

高职院校的教育不仅包含对专业理论知识和专业技能的教育，更包含对良好职业理念和职业操守的教育。专业理论课教师承担着育人的任务，不仅要授业、解惑，更要传道。只有将专业理论课教学与育人相结合，才能更好地发挥专业理论课应有的作用，才能培养出社会主义合格的接班人。习近平总书记曾在北大师生座谈会上指出，做好教师要有道德情操，要以德施教、以德立身。可见，要增强高职院校专业理论教师的职业认同感，只有热爱自己的岗位，遵循教师的职业操守，提升思想政治素养和专业素养，才能在工作中潜移默化地引导学生认同自己的专业。例如，很多高职院校积极推行"课程思政"建设，发挥专业理论教师在德育中的有效引导作用，让每位教师都种好自己的责任田，实现思政教育与专业理论教育协同推进。同时，专业理论教师除了具有良好职业操守外，还要用爱滋养学生。只有用仁爱之心浸润学生，才能让学生"亲其师，信其道"，增强学生对学校、对集体的认同感。因此，专业理论课教师情怀要深，业务要强，自律要严，人格要正，才能真正做到为人师表，为学生树立良好的榜样。

（二）增强实践锻炼，铸造学生高尚情操

很多高职院校建立了校企合作、工学结合等教育模式，不仅让学生掌握工作上所需的职业技能，而且使其明确自身具备的职业素养，将来可以更好地适应工作岗位。隐性德育只有通过学生心灵的特殊体验，才能内化为学生的道德素养。在校企合作中融入隐性德育，激发学生的主体性，实现知行合一，铸造学生的职业情操。一方面，为学生模拟真实的企业生产环境，通过了解行业的技术模式和行业前景，增强他们的职业认同感。另一方面，带领学生走出课堂，走进企业、工厂、医院等真正的职场空间进行实习。让参与实习的学生能够接受比较科学规范的专业理论教育，同时，一些技术能手、行业专家等优秀的职业道德、职业精神、协作精神、创新品质等也会感染学生，提高他们的职业素养。

（三）优化教学设计，有效融入德育教育

学生的能力不仅仅是"教"出来的，还是"育"出来的，因而要根据不同的学科优化教学设计，挖掘各具特色的隐性德育资源。好的教学设计是将教学诸要素有序安排，让学

生在体验中认知感悟，引发学生的共鸣，才能有效调动学生的积极性和主动性，丰富课程内容，增强隐性德育的实效性。以风景园林设计专业的课程"城市绿地规划设计"为例，该课程积极响应生态城市、美丽中国的建设目标，在常规城市绿地设计项目中新增生态设计的新理念、新技术、新标准。我们从风景园林设计师的岗位核心技能出发，依托"产教融合"项目，将最新的"海绵城市"设计内容贯穿项目任务的全过程，结合行业规范和创新要求进行授课，构建基于生态新内容的模块化课程结构，采用"螺旋形＋任务驱动"的教学模式，采用任务驱动的教学方法，完成"策略、设计、验证、优化"的过程，学生在层层推进的项目任务中获取了知识，增进了技能，提高了素养。在课程中始终树立建设美丽中国的社会责任感，既具有设计师的人文情怀和审美情趣，又具备工程师的理性思维和质疑探究精神，使学生在课程学习过程中学会分析问题，善于反思。学生能够在实践创新的过程中，学会运用知识和技术解决复杂的问题，做到"有理想、有情怀、有担当"，促进学生全面协调发展。

（四）建立有效的评价体系

增强高职院校德育实效的有效手段之一是建立科学合理的评价体系。目前高职院校的评价体系大多偏向对专业知识的考查，导致学生只重视成绩，而不重视对自身职业素质的培养。因此，新的评价体系不仅包括对职业技能的考查，更要突出对学生创新能力、团结协作、心理素养、责任意识等多方面职业素质的考查。因此，笔者建议可以更多地采用过程性考核方式，记录学生整个学习过程。考核可采用多种形式，包括开卷、闭卷、汇报、线上线下混合式等多种形式，不论何种形式都应以考核能力为主，注重学生个性的培养和发挥。课前、课后要积极激发学生的积极性，课前分组实施，成果共享，利用学生喜爱的方式完成课前任务，例如头脑风暴、角色扮演、案例探究等，课后进行拓展，老师布置一些和主题相关的线上线下的作业，要求学生进行线上展示，学生互相打分，再由教师或专家点评，可以有效巩固课堂所学的知识。这样，线上平台的有效使用让专业理论课不再局限于课中，而是大大延伸到课前、课后，帮助学生更好地掌握教学中的重点、难点，提升了教学的实效性。这种课前、课中、课后教学相结合，教师和学生共同参与的多元评价体系，科学合理地评价了学生的学习效果，提高了学生自主学习能力和团队协作能力，实现了知识培养和能力培养的统一性。

高职院校的德育工作是一项系统而持久的工程，不可能一蹴而就，也不可能靠某方面的力量单独完成。在新的形势下，高职院校要大力推动隐性德育的建设，不断拓宽德育的渠道。只有合理开发专业理论课教学中的隐性德育价值，使隐性德育和德育课程深度融合，才能形成高职院校的德育合力，增强教学效果，不断开创我国高职教育事业的新局面。

第七章 高职院校专业理论课与思想政治教育的融合研究

第一节 高职院校专业理论课与思想政治教育的融合渗透

教学改革要紧跟时代潮流，符合现行先进的教育理念，要通过各种手段使学生的学习积极性与主动性得到提高，力求达到教学目标，将学生培养成为能够适应社会、符合时代需求的技术型人才。

一、新时代背景下的"课程思政"教育

长期以来，高职院校教育已经在提升学生思想政治素养的理论与实践的研究中取得了很多成果。但是，现阶段高职院校思想政治教育很大程度上主要依赖思政课程，还没有全面融入专业理论课程，这种现状使"全程育人、全方位育人"的思政教育理念未能完全体现出来。这是高职院校在新时代背景下面临的一个重要的问题，因此高职院校亟须探索"课程思政"与专业理论课程之间的联系，寻找二者有机融合的途径，推动高职院校大学生思政教育的"课程思政"协同育人的创新和发展。

二、高职院校专业理论课与思想政治教育融合渗透的策略

（一）充分利用网络教学平台开展思政教育

近年来，信息化教学快速发展，高职院校教育对网上教学也进行了大量的研究和推广实践，尤其在 2020 年，线上教学发挥了巨大的作用，也得到了飞速的发展。以现代信息化技术为手段进行教学改革，将教学设计中融入课程思政，确定该课程教学的思政教学目标，找到思政元素融入该课程教学的切入点，即职业道德与工匠精神的培育。价值观和道德的形成，主要来自知识的掌握、能力的提升、生活及工作经验的积累。通过课程专业理论知识的教学，增加学生对课程专业技能的理解和掌握；利用和职业道德相关的网络思政小视频，对学生的思政素养进行潜移默化的熏陶；通过一系列手段鼓励、支持学生积极创

新，提高学生创新创业的积极性。

（二）强化师资，提升教师思想政治素养

高职院校教师大多是从各大高校毕业即走上教学岗位，直接完成从学生到教师的转变。他们学历虽然比较高，但是缺乏在企业的实践经历，缺少企业职业氛围的熏陶。我国至今尚未开设专门培养高职院校师资的师范类大学，加上高职院校专业性较强，普通师范类毕业生除了从事高职院校基础课教学外，无法胜任专业理论课的教学，因此专业理论课师资来源较少。为了弥补高职院校师资队伍企业职业经历匮乏这一缺陷，很多高职院校聘请企业和行业专家担任兼职教师。这些外聘专家虽然技术过硬、实践经验丰富，但是流动性大，而且投入教学的精力有限，无法保证教学质量，有的甚至影响到正常教学任务的完成。例如，施工组织与概预算是相关专业的专业核心课程，而教师既要有过硬的专业技能，以便很好地向学生传授课程的理论知识和实践操作技能等，又要能够以身作则，向学生传递生活、工作中为人处世的职业素养和工作经验，从而对高职院校学生的精益求精的工匠精神和职业道德的提升起积极作用。

学校应该定期组织专业理论课教师进行政治学习，提高专业理论课教师的思政素养，使教师在教学的过程中通过自己的言行影响学生，在潜移默化中教育学生，始终抱着积极的心态向学生传播正能量，用自己的人格魅力影响学生的价值观和人生观的树立。另外，学校应重视"双师型"教师的培养，给教师提供进入企业实践锻炼的机会，积累教师企业工作经历，让专业理论课教师能够切身体会到企业文化，感受到职业精神；鼓励教师精益求精，不断追求创新。培养专业理论知识扎实，企业实践经验丰富，具备身体力行、精益求精的工匠精神的"双师型"教师，是将思政理念融入专业理论课程教学中的最有效的手段之一。

（三）合理利用项目导入教学，融入思政元素

项目教学法是以教师为主导，学生为主体，项目为主线，能力提升为主要目标的一种工程类专业理论课程先进的教学理念。在此过程中，在以项目为依托实施教学的各个环节，融入职业道德、工匠精神、诚实守信、热爱祖国等思政元素，从而让学生在养成爱学习、勤动脑、多动手的习惯的同时，无形中接受到思政熏陶，潜移默化中将思政元素向学生传播，培养适应社会、符合企业要求的爱岗敬业、勤劳智慧的高素质应用型人才。例如，施工组织设计与概预算课程既注重专业理论基础知识的学习，也注重知识与实践应用的结合，注重学生动手能力的培养。该课程内容多且杂，综合性很强，教学模式如果采用"满堂灌"的方式，会让学生能动性不足，更无法培养学生对工程实践问题的解决应用能力。因此，相关教师通过网络教学平台的建设，开发了一些资源，采用了一些信息化手段，丰富了学生的学习资料，一定程度上提升了学生的学习兴趣，再配合以实际项目导入教学，将课程的相关知识，渗入到实际项目的各个对应的环节中。

综上所述，党的十九大做出我国特色社会主义进入新时代的重要论断，对高职院校学

生思政教育提出了新的要求：必须坚持以习近平新时代中国特色社会主义思想为指导，把思政工作贯穿教育教学全过程，以学生发展为中心，不断提升内涵和质量，满足学生成长发展需求和期待。我国高职院校作为技术型人才的摇篮，更要进一步对自己的定位进行审视。高职院校专业理论课必须与思政课一起协同育人，只要每位教师都能利用好课堂这个长期阵地，坚持思政教育不松懈，成效一定会在坚持的过程中显现。

第二节　高职院校辅导员与专业理论课教师协同开展思想政治教育的意义及策略

本节结合高职院校思想政治课程特点，对辅导员与专业理论教师的协调配合进行分析。探讨高职院校辅导员与专业理论课教师思想政治教育协同配合的意义，结合当前教育现状分析高职思想政治及专业理论课程教师在协同配合中存在的问题，本节试图探讨通过不同专业限制问题的分析，完善协同教育方法，以提高高职思想政治课程及课程思政的教育质量，为高职课程教育的改革及人才培养提供参考。

在高职院校加强课程思政、推动全员育人的新形势下，高职院校在人才培养中，不仅需要将专业技能作为重点，也需要在专业理论课程教学中加强思想政治教育，引导高职学生实现全方位、高素质的成长成才。但是，结合当前高职思想政治及专业理论课程教育的特点，存在着思想政治课程教育方法单一、专业理论课程教学模式僵化以及不同学科间教师缺少协同的问题，影响思想政治教育的创新。在高职院校课程设置与人才培养方案审定时应该认识到这一问题，强调辅导员与专业理论课程教学协同配合的重要性，积极创新思想政治教育的教育方法，实现高职院校高素质的人才培养。

一、高职院校辅导员与专业理论课教师协同开展思想政治教育的意义

（一）实现辅导员及专业理论教师队伍协同教育的建立

高职院校思想政治教育中，通过辅导员及专业理论课教师的协调配合，可以改变以往的教育模式，在两个队伍协调工作中，可以实现高职院校思想政治协调配合以及取长补短的目的，充分展现思想政治课程的创新价值，同时也会展现教育效果，满足高职院校综合型人才培养的需求。而且，在高职辅导员以及专业理论课教师协调配合中，可以积极完善激励及引导政策，增强高职院校思想政治教育师资队伍的稳定性。

（二）展现高职思想政治教育工作的实效性

根据高职院校思想政治教育的特点，辅导员及专业理论教师在协调教学中，可以针对高职学生的特点，增强思想政治课程教育的实践性，增强专业理论课程的思政属性，同时也可以提高思想政治教育的教学质量，为学生提供多样化的思想政治理论基础及实践教学方法，增强高职学生的综合素养。而且，在思想政治的协同教学中，不同教师可以结合学生的特点，积极加强与学生的思想交流，及时解决学生学习中面临的问题，为高职院校的教育改革以及教学创新提供支持。

（三）促进高职院校综合型人才培养

在高职院校的思想政治课程教育中，通过高职辅导员及专业理论教师的配合，可以改变以往单一化的教学模式，针对高职学生的特点，为学生营造多样化的探究环境，以便提高高职学生的综合素养。而且，在协同教育中，辅导员、专业理论教师会针对高职学生的学习状态、心理特点以及发展规律等，为学生构建有计划、有组织的思想政治教育方法，加深学生对思想政治课程价值的认识，同时也可以提高高职院校专业理论课程的教育价值，满足高职院校人才培养的需求。

二、高职院校思想政治教育中存在的问题

结合高职院校思想政治课程的教育特点，高职院校思想政治教育中存在辅导员与专业理论教师协同配合不完善、不合理等问题。

（一）协同教育制度不完善

根据高职院校思想政治课程的教育特点，在辅导员及专业理论教师协同配合的教学中，存在着教育制度不完善的问题。第一，高职院校的思想政治课程中，伴随高职院校课程教育的改革，辅导员的职能不断强化，由于思想政治课程的特殊性，一些专业理论教师忽视思想政治教育职能，导致思想政治教育无法实现其最终目的，同时也为高素质的人才培养造成影响。第二，在具体的教学中，由于缺少系统性、完善性的协调教育制度，思想政治教学无法满足高职院校的改革需求，教育方法流于形式，也为辅导员及专业理论课程教师的协调带来困难。第三，结合高职思想政治课程的教学特点，存在着辅导员及专业理论课程教师思想认知不协调的问题，这种现象的出现与教师的专业性不同有关。例如，高职辅导员认为，自己的职能只是停留在学生的日常管理及学生日常思想政治教育中，缺少对学生所学专业理论知识的认识及理解，没有及时参与到与专业理论教师的协调合作中，为协调教育方法的创新以及教学模式的整合带来限制。

（二）协同教育配合度不足

高职院校思想政治教育中，辅导员及专业理论教师在思想政治教育中存在着协同配合度不足的问题。首先，在具体的协同教学中，存在着思想政治沟通平台不集中的问题，导

致各项思想政治教育工作流于形式，无法实现思想政治课程教育的创新，同时也为高职院校综合型人才的培养带来限制。其次，高职辅导员及专业理论课教师的协同参与度较低。例如，在日常的思想政治课程教育中，专业理论课教师只是将学生的日常上课情况、学习成绩等作为评价标准，缺少对高职学生综合性、全面性的评价，导致课程教育方法单一，无法激发学生的思想政治热情。

（三）教育评价体系不完善

高职院校中的思想政治教育评价过于片面。在以往的教育评价中，只是将学生的成绩作为评价标准，在一定程度上忽视了对学生综合成长的关注，影响高职学生的全面发展，同时也为高职院校思想政治教育的创新带来限制。对于专业理论教师而言，在具体教学中，会过多关注自身的能力提升，将主要的精力放在专业提升、科研方面，缺少对高职学生综合素养的评价，同时也为高职院校的人才培养带来限制。而且，在高职院校的思想政治教育中，由于评价方法的片面性，辅导员及专业理论课教师缺少协同性，因而降低教育评价的价值，难以激发学生思想政治的学习兴趣，影响高职院校人才的综合性培养。

三、高职院校辅导员与专业理论课教师协同开展思想政治教育的策略

（一）加强辅导员及专业理论教师的合作

根据高职院校思想政治课程教育的特点，为了更好地提高人才培养的质量，辅导员以及专业理论教师需要进行协调，具体有：第一，明确相同的育人目标。高职院校在思想政治教育创新中，辅导员以及专业理论教师需要认识到思想政治教育的重要性，专业理论教师需要根据班级学生的特点，确定细致化的教育方法，以提高思想政治课程的教育价值。整个过程中，辅导员以及专业理论教师需要积极合作，针对思想政治教育的特点，引导学生潜移默化地形成正确的人生、价值观，展现高职院校人才培养的价值。第二，在多样化的教育创新中，高职院校的辅导员以及专业理论课教师需要进行各项工作的合作交流，针对专业学生的特点，加强对学生思想政治能力的培养，以保证各方面教育的职能的稳步落实，充分发挥辅导员以及专业理论课教师的协同优势。第三，创设互补及协调的教育方法。高职院校思想政治教育中，辅导员及专业理论课教师在教育协调中，需要认识到互补教学的优势，如专业理论课教师在教学中，需要针对学生的学习成果，分析学生的心理认知状态，对一些心理认知存在偏差的学生，专业理论课教师应该与辅导员进行及时交流；辅导员通过综合性的辅导，可以改变对学生的认识偏差，促进高职院校学生的全面成长，展现和谐教育的整合价值。

（二）积极创新协同配合教育方法

结合高职课程教育特点，通过辅导员与专业理论教师的协同，需要将思想政治教育作

为核心，以便充分满足高职院校的人才培养需求。通常情况下，在协同配合方法创新中要做到第一，明确协同育人目标。高职院校人才培养中，辅导员及教师需要将立德树人作为核心，通过共同教育目标的确定，使学生在思想政治知识学习的过程中，形成正确的思想观、价值观、人生观。专业理论教师在专业理论知识的传授中，不能只是将课程内容停留在专业理论知识以及技能的讲解中，而是要在专业理论教育及思想政治共同点的协调中，展现辅导员与专业理论教师的协调教育价值。第二，协同课程育人。由于思想政治教育的特殊性，需要专业理论课程与"思政课程"的融合。高职院校在人才培养中，需要结合校企合作、订单式培养模式的确立，将企业文化与思想政治教育内容融合，引导学生在专业理论知识学习的同时，迅速找准企业中的定位，为之后的职业化发展提供支持。在专业理论课程及思想融合中，辅导员及专业理论教师在协同教育中，坚定理想信念。通过教育知识的协同创新，学生的综合能力得到全面提升。第三，协同实践育人。结合高职院校辅导员与专业理论课教师的思想政治教育协同配合的特点，专业理论教师作为业务指导的核心，与专业社团以及实践单位相配合，充分发挥各自优势，学生在专业活动参与的同时锻炼自身的实践能力，从而展现高职院校课程教育创新的价值，为当前高职院校的教育改革及人才培养提供支持。

（三）构建多样化的沟通交流平台

高职院校人才培养中，院校辅导员以及专业理论课教师需要发挥沟通交流的价值，并根据在教学中存在的问题，构建多样化的交流环境。具体有：第一，在网络教育平台构建中，高职院校辅导员以及专业理论课教师应该充分发挥自身的优势，如高职辅导员应该仔细研究学生的日常表现；专业理论课教师需要仔细分析学生的学习状态，并在网络教育平台背景下进行合作交流，最终确定最优化的人才培养方法。而且，在网络沟通交流平台中，辅导员及专业理论课教师可以将学生的日常表现进行交流，并针对学生的具体表现进行合作交流，实现思想政治教育方法创新的目的。第二，针对思想政治教育的特点，搭建学习交流平台。在网络信息技术发展的背景下，高职院校可以结合思想政治教育课程的特点，要求辅导员及专业理论课教师进行教育及管理经验的交流，保证教学及管理信息的互补，从而实现思想政治教育互补的目的。第三，积极构建竞争合作平台。结合高职院校学生的特点，在思想政治教育方法创新中，高职院校辅导员及专业理论课教师需要积极参与到竞争合作平台的构建中，通过思想政治教育的创新以及学科竞赛方法的整合，激发高职学生对思想政治活动的参与兴趣，展现创新型人才培养的价值。第四，建立共享机制。协同育人主要是指育人主体及人才培养的过程中，通过共享系统的运用，加强教师及学生的互动能力，从而实现课程教育以及实践协调的目的。针对协同平台的构建特点，高职院校辅导员及专业理论课教师在具体的教育整合中，需要利用思想政治教育资源，为学生搭建个性化的动态信息共享平台，如对辅导员、专业理论教师等。在进行思想政治教育方案协调中，需要根据不同学生的情况，建立个人资料库，并利用大数据定期向学生推送思想政治知识，从而有效激发学生的学习兴趣，使学生在资源共享平台中提高自身综合素养。

（四）积极构建合理的奖惩评价体系

高职院校人才培养中，以往的量化考核制度相对单一，大部分专业课程只是注重学生的专业理论能力，缺少对学生思想政治的教育，无法提高高职学生的思想意识。所以，在高职院校的思想政治教育创新中，高职辅导员以及专业理论课教师应该加强协同合作。具体有：第一，高职院校在思想政治教育内容的完善中，需要结合专业理论课教育的特点，增强辅导员及专业理论教师的协调性，通过两个队伍的合作交流，创新思想政治教育方法，为高职院校的人才培养提供支持。而且，对于思想政治教师，在具体的课程中应该及时改变以往的人才培养方法，通过多样化、合理化的奖惩体系构建，以更好地调动教育引导学生的工作热情。第二，在完善奖惩激励方案整合中，高职院校辅导员应该与专业理论课程教师融合，通过思想政治方案的完善，以及协同性教育方法的整合，创新激励协调方案，如在专项奖惩制度落实中，高职院校可以针对思想政治教育的特点，引入"课程思政"专项资金以及奖励基金等，以增强辅导员及专业理论课教师对思想政治教育的认同感，并积极参与到各项"课程思政"建设之中，保证"课程思政"教育体系的创新，为高职院校思想政治教育营造良好的环境。第三，高职院校的辅导员及专业理论教师要避免"各自为政"的问题，结合以往的教育指导经验，进行教育工作经验的总结。例如，针对辅导员及专业理论教师的岗位差异性，高职院校需要积极落实协同配合理念，辅导员及专业理论教师在这种思想的引导下，可以及时发现自身工作中存在的问题，并通过教育方法的完善以及协同方案的落实，弥补以往课程教育中存在的不足。对高职院校而言，需要根据协调性的思想政治教育内容，积极投入管理经费，加强学校硬软件建设，引导辅导员及专业理论教师在思想政治教育教学中，改变单一的教育方法，增强教育主题的综合素养，以实现高职教育改革及思想政治教育创新的目的。

综上所述，高职院校人才培养中，为了创新思想政治教育的方法，高职院校辅导员及专业理论课教师需要充分发挥自身的优势，结合以往课程教育中存在的问题，为学生营造良好的互动环境，展现高职院校思想政治教育的创新价值，满足高职院校综合型人才培养的需求。而且，高职院校辅导员及专业理论教师在协同合作中，需要积极加强合作、协同交流，并通过合理性奖惩体系的构建，创新思想政治教育模式，实现高职院校辅导员及专业理论课教师在协同合作的目的。

第三节　高职院校"思想政治理论课"和"专业理论课"德育教育工作联动机制

党的十八大以来，以习近平同志为核心的党中央高度重视高校的思想政治教育工作，把立德树人作为高校的立身之本，要求把思想政治工作贯穿教育教学全过程，实现全程育人、全方位育人，这为高职院校开创思想政治工作新局面提出了新的要求。因此，本节围绕"立德树人"这个中心环节，对"思政理论课"和"专业理论课"德育教育工作联动进行探究和思考，为新时代高职院校思想政治教育实现全程育人、全方位育人提供建议。

习近平总书记在 2016 年 12 月 8 日召开的全国高校思想政治工作会议的讲话（以下统称"12.8"重要讲话）中指出，我国高等教育肩负着培养德智体美全面发展的社会主义事业建设者和接班人的重大任务，必须坚持正确政治方向。2017 年 10 月，党的十九大报告中指出，中国特色社会主义进入了新时代，这是我国发展新的历史方位。新时代对各行各业工作都提出了新的要求。我们要以习近平新时代中国特色社会主义思想为指引，真正把思想和行动统一到做好高职院校思想政治工作的重大意义、目标任务和基本要求上来。紧紧围绕"立德树人"这个中心环节，推动思想政治教育工作在各个方面协同联动，实现全程育人、全方位育人，推动高职院校思想政治工作进入新阶段。

一、正确理清习近平总书记关于高校育人问题的讲话精神

"者，传道、授业解惑也师"，每个教师都承担着教育育人的职责和使命。"思政课程育人"和"其他课程育人"就是要求思想政治教育教师和其他课程教师在各自的课堂教学过程中，立足自身领域和优势，积极开展"立德树人"的思想政治教育和道德品质教育。"课程思政"概念的提出对做好思想政治教育工作是极大地促进，引起高职院校全体员工对思想政治教育工作的极大重视。但协同育人，不是共同讲理论课。每一门课程都有它特殊的内容和体系，有它特殊的教学目标，思想政治教育不能生搬硬套，否则适得其反。不仅"思政理论"讲不好，也妨碍本门课程教学目标的实现。

二、把握好"思政理论课"和"专业理论课"育人的辩证关系

对如何用好课堂教学这个主渠道，习近平总书记提出，"思维要新，学会辩证唯物主义和历史唯物主义"。习近平总书记同时指出，思想政治理论课要坚持在改进中加强，提升思想政治教育亲和力和针对性，满足学生成长发展需求和期待，其他各门课都要"守好一段渠、种好责任田"，使各类课程与思想政治理论课同向同行，形成协同效应。习总书记的重要论述精辟地阐述了"思政课程育人"和"其他课程育人"的功能定位和辩证关系。一方面，两者目标一致、方向相同。另一方面，两者各有侧重、互为倚重。"思政理论课程"强调的是思想政治教师要立足思想政治理论课这一主业，坚持不懈传播马克思主义科学理论，高水平进行马克思主义理论教育，为学生一生成长奠定科学的思想基础；专业理论课程育人功能强调的是教师在课堂教学中要自觉把专业理论知识传授与思想政治教育有机结合起来，把自身课程背后的人文精神和德育教育有机融合起来。

三、把握好新时代"思政理论课程"的重要使命

思想政治理论课的内容相对来讲具有较强的理论性和意识形态性。"思政理论课"教师要因时而进，必须积极顺应新时代发展趋势和要求，用新思想来武装头脑、指导行动，推进理论和实践的与时俱进，把广大师生的思想和行动引导到新时代的伟大进程中。把握好新时代"思政理论课程"的重要使命的具体做法应有以下几点。

（一）学懂弄通

教师要坚持读原著、悟原理，做到学深悟透，特别是要认真研读党的十九大报告和党章，学习习近平总书记在党的十九届二中全会上的重要讲话精神，在学习的基础上突出重点、抓住关键。

（二）要精心备课、讲得清楚

授课内容既全面系统又突出重点，授课方式既讲解精准又富有创新，积极回应学生关切，增强课堂教学的针对性和实效性，特别是要紧紧围绕习近平新时代中国特色社会主义思想这个主线。通过"思政课堂"的教学，引导学生充分认识到党的十八大以来，党和国家事业之所以全面开创新局面，根本原因是在以习近平同志为核心的党中央举旗定向、运筹帷幄；在于习近平新时代中国特色社会主义思想的科学指引。通过教学，学生坚定道路自信、理论自信、制度自信和文化自信，自觉投身于"两个一百年"奋斗目标和实现中华民族伟大复兴中国梦的伟大实践。

四、把握好"专业理论课程育人"的基本要求

习近平总书记强调，师德师风建设要坚持教书与育人相统一，坚持言传与身教相统一，坚持潜心问道和关注社会相统一，坚持学术自由和学术规范相统一。高职院校教师要做到以德立身、以德立学、以德施教。习总书记的论述为广大高职院校教师承担"立德树人"这一任务提供了基本遵循，为高职院校整个教育指明了方向，也为"其他课程"教育教学提供了的基本要求和工作着力点。

（一）着力加强师德师风建设

作为一名教师，要想赢得社会的尊重、学生的敬仰，必须具备良好的人文素养、高尚的道德品质和情操。教师的言行举止、科学态度和价值观标准，都会影响着学生。学高为师，身正师范，教师要洁身自好，自觉抵制社会上各种不良风气；为人师表，言行一致，做社会的楷模，学生的榜样。正如孔子所言："其身正，不令而行。其身不正，虽令不从。"教师谦虚的品质、博大的胸怀、广泛的兴趣，积极乐观的心态、热爱生活、勤奋工作的风貌都是一种积极的教育因素。在教学过程中都会潜移默化地感染学生，有利于学生健全人格与健康心理的形成和培养。

（二）提高思想政治素养

作为专业理论课教师也要关注时事新闻，党的理论方针和政策，积极学习和实践党的十九大精神。在教学过程中找到契合点，将专业理论知识教育和思想政治教育、道德品质教育有机融合在一起。例如，信息相关专业教师在课堂教授电子商务的同时，可以结合大数据、云计算、人工智能等科技前沿和未来发展趋势，引导学生深入学习我国创新驱动发展战略和供给侧结构性改革；烹饪餐饮等专业的教师在课堂教授菜品制作过程中，可以结合饮食文化和制作工艺，引导学生树立工匠精神，把饮食、菜肴当文化去经营和传播；应用工程学院可以结合"中国制造2025"为学生讲解实体经济兴国的道理，引导学生务实创业，踏实做事，努力创新，追求卓越，等等；旅管专业教师在课堂教授景点推介过程中，可以结合乡村振兴战略，大力宣传"美丽乡村、美丽中国"建设。

五、推动建立"理论思政"和"实践思政"协同联动机制

推动"理论思政"和"实践思政"协同联动，就是要遵循思想政治工作规律，遵循教书育人规律，遵循学生成长规律，积极做到因时而进、因势而新、因时而化。对于高职院校具体的思想政治工作，应该坚持问题导向和目标导向，根据事情本身的性质特点和发展变化的实际情况，及时调整不合时宜的思路和做法，不断推进管理体制机制的创新和工作方式方法的创新。例如，针对个别院（系）领导和教师忽视"思政理论课"，以及"思政理论课"教师理论性强、实践性弱的现实问题，可以探索"思政理论课"教师与院（系）合作机制，积极开展"思政辅导互动"活动，定期举办沙龙、联谊等活动。通过教师间的交流沟通、增进对对方学科内容、前沿问题的了解，知识互学、能力互补，找到学科间理论知识和专业知识的契合点。

当前高职院校思想政治工作要紧紧围绕立德树人这一中心环节，围绕全程育人、全方位育人这一基本要求，推进思想政治教育工作多方面的协同联动，切实把思想政治工作贯穿教育教学全过程。教育引导学生认识到自身的时代责任和历史使命，用中国梦激扬青春梦，用青春梦夯实中国梦，把每一个学生培养成身心健康、人格健全、德才兼备，自觉把自我发展和祖国发展、社会进步同向而行的新时代有用人才。

第四节　高职院校专业理论课教师与思想政治教育 工作者协同德育的路径

协同德育是一项系统性、复杂性、艰巨性的教育工程，知易行难。本节在介绍专业理论课教师与思想政治教育工作者协同德育背景的基础上，简要分析了现实困境，秉承理性、

适度和实用性的原则，从构建动力机制、明确协同德育的内容、建立协同德育运行机制等三个方面探讨了具体实施路径。

习近平总书记在党的十九大报告中指出，意识形态决定文化前进方向和发展道路……建设具有强大凝聚力和引领力的社会主义意识形态，就是要使全体人民在理想信念、价值理念、道德观念上紧紧团结在一起。高职院校立身之本在于立德树人，其德育工作肩负着强化主流意识形态认同的重任。因此，加强高职院校德育工作的研究是一个不断讨论的话题。

一、专业理论课教师与思想政治教育工作者协同德育基础

高职院校德育工作同样是一项系统性的工作，唯有各方形成合力才能创造更强的教育实效性。时下，高职院校专业理论课教师与思想政治教育工作者协同德育的呼声渐高，本质上是协同教育意识在高职院校逐渐形成共识，德育同样需要发挥协同效应。

（一）宏观层面

从宏观层面而言，要做好高职院校德育工作、构建"大思政"格局要求专业理论课教师与思想政治教育工作者协同德育。

"大思政"格局，正如习近平总书记在 2016 年全国高校思想政治工作会议上的重要讲话中所强调的"党委统一领导、各部门各方面齐抓共管的工作格局"，是对德育工作的应然描述，也是做好高职院校德育工作的宏观方向。"大思政"格局形成的重要标志在于德育工作被毫无例外地贯穿所有课程的学习过程，贯穿学校生活的各个环节、各个层面，教职员工都自觉地担负起德育工作职责。具体而言，德育工作不再局限于思想政治理论课教师、学工干部（辅导员）和班主任传统德育"三驾马车"，而是全体教职员工尤其是专业理论课教师的共同使命。对学生而言，专业理论课教师对他们的言传身教最为直接。因此，德育工作要有成效，离不开专业理论课教师的支持与协作。

（二）中观层面

从中观层面而言，专业理论课教师与思想政治教育工作者协同德育是高职院校整合教师资源、发挥德育合力的有效途径。

不可否认，目前高职院校普遍存在的"条块分割"式的德育现状，甚至专业理论课教师与思想政治教育工作者各自为政，两方面工作的直接交集并不多。德育工作承担着高职教育塑人铸魂的功能，而在实际工作中却常常被专业理论课教师所忽视。专业理论课教师只管"种好专业理论知识教育的责任田"。思想上还没有认识到"培养什么样的人、如何培养人以及为谁培养人"这个中国特色社会主义发展的战略高度。因此，倡导专业理论课教师与思想政治教育工作者协同德育，就是要加深教师之间的了解与沟通，在具体教育活动中互通有无、精诚协作、同心进取，共同引导学生学会"做事"更要学会"做人"，推动专业理论知识教育和德育从"平行线"转向"交叉线"，最终形成德育合力，以提升育

人质量。

（三）微观层面

从微观层面而言，专业理论知识教育同样蕴含着丰富的德育内容和德育资源，二者同向同行。

相对于思想政治理论课和思想政治教育等显性德育而言，专业理论知识教育可以开发出大量的隐性德育内容和德育资源。就高职院校"思想政治理论课""综合素养课程"和"专业教育课程"三大课程模块而言，"思想政治理论课"是显性德育，"综合素养课程"和"专业教育课程"可以是隐性德育。"综合素养课程"可以开发出德育功能，"在培育人的综合素养过程中牢铸理想信念"，在课程内容中大量融入价值观教育和理想信念教育；"专业教育课程"同样可以突出科学思维和职业素养教育。因此，专业理论课教师要撤弃单纯的工具性思维，在传授专业理论知识的同时，有意识地融入社会主义核心价值观教育案例和教育素材，充分挖掘专业理论知识中的精神、文化、历史乃至文明元素。

二、专业理论课教师与思想政治教育工作者协同德育的现实困境

协同德育是一项系统性、复杂性、艰巨性的教育工程，"大思政"格局、"课程思政"、全员育人和"三全育人"等德育协同理念纷至沓来，但被高职院校普遍接受的专业理论课教师与思想政治教育工作者的协同德育模式却少之又少，主要原因是现实困境。

（一）专业理论课教师参与协同德育动力不足

对大部分专业理论课教师而言，其主要目标就是完成一定教科研任务，多出业绩，尽快拓展职业晋升空间。其一，"闻道有先后，术业有专攻"，大部分专业理论课教师认为参与协同德育是"避短扬长"，在一定程度上带有抵触情绪；其二，在目前职业晋升机制下，对专业理论课教师参与协同德育的要求并不高，能够遵守师德师风，承担一定的班主任或学业导师工作量即可；其三，德育工作是一项周期性长、见效慢的系统性工作，需要耗费专业理论课教师自己可以自由支配的一定的时间，付出和收获不成比例。因此，在校园整体德育氛围不浓、学校对德育工作关注度不高环境下，如果没有激励性的协同德育机制，专业理论课教师更倾向于专业理论知识教育。

（二）协同德育的内容模糊、方向不明确、效果不明朗

建立专业理论课教师与思想政治教育工作者协同德育路径，除了要解决"协同什么"的问题，更要解决"如何协同的问题"。协同德育缺乏内容的拓展和工作机制的创新，短期内也难以形成德育品牌效应。

（三）专业理论课教师与思想政治教育工作者协同德育的机制不完善

专业理论课教师与思想政治教育工作者协同德育，除了要解决"协同什么"的问题，更要解决"如何协同"的问题。相较而言，构建协同德育的长效机制更胜于设计具体的协

同德育内容。机制强调人的能动性与事物客观规律性的内在统一，可以通过调控、约束、激励等手段干预机制的具体运行方式来达到预期目的。如何构建专业理论课教师与思想政治教育工作者协同德育机制，是在现有的德育体系内"旁敲侧击"，还是在现有德育队伍和职能之上"叠床架屋"，这些都面临许多现实的困境。在现有德育体系内"旁敲侧击"，容易导致"拆东墙补西墙"，忙于追逐具体事务性工作的问题；在现有德育队伍和职能之上"叠床架屋"，可能会造成人浮于事，甚至会打破高职院校三支队伍师资力量之间的相对均衡的问题。

三、专业理论课教师与思想政治教育工作者协同德育的主要原则

专业理论课教师与思想政治教育工作者在各自的工作领域中有所侧重，构建协同德育机制，尤其要考虑到专业理论课教师的实际情况，要秉承理性、适度和可为的原则。专业理论课教师与思想政治教育工作者协同德育的主要原则有以下几点。

（一）理性原则

理性是指能够识别、判断、评估实际理由以及使人的行为符合特定目的等方面的智能，也即人类理智对待秩序、法则、公理、规范的品性。

（二）适度原则

所谓适度，是要求专业理论课教师参与协同德育的任务具有"有限性"。一方面，保持专业理论课教师参与协同德育在适当的量的范围内，既不能冲淡专业理论课教师的"主业"；又要避免形成不了协同德育的合力。另一方面，要做到专业理论课教师与思想政治教育工作者协同德育有所侧重，不能"眉毛胡子一把抓"，要从最优化的视角审定哪些德育内容由思想政治教育工作者完成，哪些需要专业理论课教师与思想政治教育工作者协同完成，不能无限性地拓展边界。

（三）可为原则

可为原则即能够实现一定的预期目标。其一，具有操作性，能够形成稳定、成熟的专业理论课教师与思想政治教育工作者协同德育模式，有一定的推广意义。其二，要发挥专业理论课教师的特长，参与协同德育的任务不是"可望而不可即"，要既可以做得到、做得好，也能够激发专业理论课教师德育的潜能；其三，要实现专业理论课教师和思想政治教育工作者之间的良性互动。专业理论课教师与思想政治教育工作者能够形成育人合力。

四、专业理论课教师与思想政治教育工作者协同德育路径

探索专业理论课教师与思想政治教育工作者协同德育的路径，基于理性、适度和可为的原则，在高职院校德育实践中主要解决"协同什么"和"怎样协同"两个难点问题。

（一）构建专业理论课教师与思想政治教育工作者协同德育的动力机制

动力是事物运动和发展的推动力量，是专业理论课教师参与协同德育的驱使力。由于专业理论课教师的知识结构、认知水平和觉悟高度千差万别，动力机制的构建主要以价值观念引导为主，以制度规范人、约束人。具体有以下几点。

1. 理念先行

一个理念："育人为本，德育为先"。

习近平总书记寄语全国广大教师要做"有理想信念、有道德情操、有扎实知识、有仁爱之心的好老师"。一名合格的高职院校专业理论课教师，应该有精湛的专业理论知识，还应该具有高度的政治觉悟和历史担当精神。教书即育人，育人为本，德育为先，专业理论课教师参与协同德育，这既是中国特色社会主义高等教育的内在要求，也是教育事业本身的内在规律。

2. 形式对等

两个协同，专业理论课教师协同参与德育、思想政治教育工作者协同参与专业理论教育。

两个协同不是要求德育和专业理论知识教育内容的对等，而是利用两个协同更好地开展德育工作。专业理论课教师协同参与德育，重点指向德育活动中引导专业理论课教师适度参与；思想政治教育工作者协同参与专业理论教育，要将重点指向学生，在课程中，思想政治教育工作者在专业理论课教师的协助下融入德育内容。

3. 制度规范

三项制度：全员育人制度、绩效考核制度、专业理论课教师德育评价制度。

"全员育人"是高职院校的应然取向和现实诉求，要求作为教育主体的全体教职员工都切实发挥教书育人、管理育人和服务育人的功能。引导专业理论课教师参与德育协同，就要通过全员育人制度安排若干能够实现的德育任务。实施绩效考核制度，主要通过利益引导，根据专业理论课教师完成育人（包括德育）任务的质量和数量进行评价，并给予一定的奖惩。实施绩效考核制度是促进理论课教师参与协同德育最为有效的手段，因为绩效直接影响到专业理论课教师的实际利益。此外，还可以制订专业理论课教师德育评价制度，以德育评价挂钩奖惩措施引导专业理论课教师正确认识德育工作。

（二）专业理论课教师与思想政治教育工作者协同德育的内容分类与界定

如上所述，协同德育要适度、理性和可为，可以根据高职德育内容进行分层分类实施。

1. 协同课程育人

课程教学是大学生大生活的主要过程，也是大学生获取知识和能力的主要途径，更是大学生和教师能够交流互动最为直接的平台。因此，用好课程教学平台，是专业理论课教师与思想政治教育工作者协同德育的重要内容之一。

其一，专业理论课融合德育教育资源。学校可以通过对优秀"课程思政"进行示范，充分挖掘专业理论课程中的德育资源，引导专业理论课教师注重在知识传播中强调价值引领，突出显性专业理论知识教育和隐性德育教育相融通的特点。客观而言，大量的专业理论课程中蕴含了丰富的道德意蕴、理想信念、国家意识和传统文化等。专业理论课融通德育教育，要在专业理论课程的教学目标、教学内容、教学载体、教学方法等方面进行德育成效审视，在专业理论知识教授的同时达到德育"润物细无声"的意境。

其二，在"思政课程"中融入专业理论课教师讲授的专题。可探索的路径有两个方面：一是开设思政课和专业理论基础课相结合的专业理论思政课或人文类通识课；二是在思政课中，在实施课程"模块化"和教学"专题化"的基础上，构建专业理论课教师为辅的助讲专题，用专业理论知识进一步拓展思政课教学专题的深度和吸引力。

2. 协同实践育人

协同实践育人主要是构建专业理论课教师"生活导师制"和思想政治教育工作者"实训老师双师制"。"生活导师制"，旨在发动更为广泛的师资力量尤其是专业理论课教师担任学生的生活导师，由生活导师在学习和生活等方面对学生适当地支持与引导，使其更好地适应大学生活，以减少班主任和学工干部（辅导员）德育工作的压力，为学生提供更为精致和个性化的服务。"实训老师双师制"，是指在学生实训实习时，由专业理论课教师担任实训实习指导老师，但同时配备一定数量的由思想政治教育工作者担任生活老师，解决学生在实训实习期间的思想困惑或者德育教育真空。

3. 协同教师队伍

从高职教育宏观运行来看，包含着若干教育子系统，德育工作只是其中的重要内容之一。因此，从人才培养质量、师资队伍发展和教师职业拓展的角度，协调德育育人任务的安排与落实。专业理论课教师和思想政治教育工作者在坚守各自工作领域的同时，协同德育育人任务应坚持理性、适度和可为的原则。主次分明、适时协同、有序运转、注重实效。

（三）建立专业理论课教师与思想政治教育工作者协同德育运行机制

按照协同课程育人和协同实践育人两个层面，建立稳定的运作模式。

一方面，建立协同德育团队负责人制度。在协同德育过程中，无论是协同课程育人还是协同实践育人，都可以尝试以课程或实践项目为"抓手"，推行协同德育团队负责人制度，谁主导谁负责。对团队成员在协同课程或协同实践中的贡献，由团队负责人总体把握、具体分配。

另一方面，制定协同德育的评估机制。在"课程思政"和思政课程专题联讲方面，要把握课程标准审核、教案评价、课堂教学和教学成效评估等关键环节；在实训实习融入德育环节和生活德育活动中，主要评估学生的参与度、"获得感"和整体活动成效等关键环节。

此外，还应建立利益激励机制，通过物质和精神奖惩引导协同德育的发展方向。

参考文献

[1] 李杨，孙颖，李冠楠.新媒体时代的大学生思想政治教育教学研究 [M].长春：吉林大学出版社，2016.

[2] 张玉丰.新时代大学思想政治教育模式创新研究 [M].北京：九州出版社，2019.

[3] 郎益君.高校思想政治理论课教学创新研究 [M].沈阳：辽宁大学出版社，2020.

[4] 王东，陈先.新时期高校思想政治教育理论与实践 [M].北京：九州出版社，2019.

[5] 贾丽.思想政治教育教学与反思研究 [M].长春：吉林大学出版社，2017.

[6] 何玉初，张明辉，陈谊.思想政治教育与教学研究 [M].北京：研究出版社，2019.

[7] 刘利峰.思想政治教育与创新研究 [M].北京：北京理工大学出版社，2019.

[8] 张可辉，栾忠恒.新媒体视域下大学生思想政治教育研究 [M].北京：中国商务出版社，2018.

[9] 胡永松.新时代背景下大学生思想政治教育创新研究 [M].北京：国家行政学院出版社，2018.

[10] 杨晓阳.新媒体背景下高校思想政治教育创新研究 [M].延吉：延边大学出版社，2017.

[11] 郭强.新视角下的思想政治教育研究 [M].北京：中国社会出版社，2017.

[12] 李林英，郭丽萍.新媒体环境下高校思想政治教育教学研究 [M].北京：人民出版社，2015.

[13] 杨方旭.大数据时代背景下大学生思想政治教育新思路 [M].长春：东北师范大学出版社，2018.

[14] 汤雪峰.高校思想政治教育多元化发展 [M].长春：吉林大学出版社，2016.

[15] 刘莹莹.专业课教师在高校思想政治教育中发挥作用的对策研究 [D].桂林：桂林理工大学，2018.

[16] 彭均.高校专业课与思想政治理论课协同育人研究 [D].重庆：西南大学，2020.

[17] 陈曼.高校专业课教师思想政治教育角色塑造研究 [D].长沙：湖南大学，2014.

[18] 崔佳佳.高职专业理论课深度教学的特征研究 [D].天津：天津职业技术师范大学，2020.

[19] 王俊静.高校专业课教学中渗透思想政治教育的研究 [D].长沙：湖南大学，2011.

[20] 卢珊珊.高校外语专业课程思政问题研究 [D].合肥：安徽师范大学，2020.

[21] 宾春婷 . 高校专业课教师思想政治教育功能发挥研究 [D]. 南宁：广西大学，2019.

[22] 杨娇娇 . 高校专业课教师在课程思政实践中存在的问题及对策研究 [D]. 长沙：湖南大学，2019.

[23] 黄向阳 . 专业课程中思想政治教育资源开发研究 [J]. 北京城市学院学报，2018（04）：101-104.

[24] 高雪莲 . 浅谈高职专业理论课考核模式改革 [J]. 天津职业院校联合学报，2018，20（07）：42-46.

[25] 张名扬，王恒愉，潘星霖 . 专业课程协同思想政治理论课进行思想政治教育研究 [J]. 思想教育研究，2020（08）：99-103.

[26] 丁中燕 . 高职院校专业课有效教学研究——以 W 市某高职院校为例 [D]. 曲阜：曲阜师范大学，2019.

[27] 成建联 . 专业课教学中融入思想政治教育分析与探索 [J]. 教育现代化，2019，6（82）：311-313.

[28] 汪琼枝 . 思想政治教育全过程融入专业社会实践协同育人模式初探 [J]. 思想理论教育导刊，2019（08）：128-131.

[29] 柯碧英 . 浅谈在专业课教学中渗透思想政治教育的经验做法 [J]. 教育教学论坛，2017（49）：58-59.

[30] 赵志梅 . 高职思想政治理论课融入专业教育的对策思考 [J]. 当代教育实践与教学研究，2018（04）：76-77.

[31] 田鸿芬，付洪 . 课程思政：高校专业课教学融入思想政治教育的实践路径 [J]. 未来与发展，2018，42（04）：99-103.

[32] 杜晶波 . 专业教育与思想政治教育融合的有效路径研究 [J]. 沈阳建筑大学学报（社会科学版），2019，21（03）：289-294.

[33] 周玉洁 . PBL 教学模式在高职学前教育专业理论课中的应用研究 [J]. 科学咨询（教育科研），2020（08）：35-36.

[34] 戎贤，张健新，李艳艳，刘平，牟玲玲 . 高校专业教育中融入思想政治教育研究 [J]. 河北工业大学学报（社会科学版），2019，11（03）：49-53.

[35] 朱颖，陈威，唐重振 . 浅议高等院校专业理论课堂文化内涵及其建构路径 [J]. 文化创新比较研究，2019，3（18）：126-127.

[36] 赵志梅 . 高职思想政治理论课与专业教育相融合的新路径分析 [J]. 当代教育实践与教学研究，2018（05）：76-77.

[37] 高本权 . 高职院校专业理论课教学改革的尝试 [J]. 内蒙古财经大学学报，2018，16（05）：118-121.